Egalement aux Editions Sakramento

Sur les pas de Marie à Medjugorje – Le guide du pèlerin – 468 pages

Ceci est un temps de Grâce – père Petar Ljubicic – 272 pages

L'appel de la Reine de la Paix – père Petar jubicic – 258 pages

Rencontre avec le père Jozo – Une vie pour la paix
Sabrina Covic Radojicic – 343 pages – en français, croate, anglais, italien, allemand, espagnol, polonais

Rencontre avec le père Jozo– Une vie pour la paix
Sabrina Covic Radojicic – couverture cartonnée en français, italien, anglais et croate

Père Slavko – Kresimir Sego – 256 pages

Vivre avec le cœur, la vie et l'œuvre du père Slavko Barbaric
père Marinko Sakota – 177 pages

Jeûner avec le cœur – père Slavko Barbaric – 192 pages

Messages pour l'instant présent – père Slavko Barbaric – 580 pages

L'Album de la fille aînée de l'Église – Sabrina Covic Radojicic et Geneviève Esquier – 130 pages illustrées

Comprendre Medjugorje Regard historique et théologique
Darija Klanac – 269 pages, avec CD

Je voulais aider le Ciel à sauver le monde… alors j'ai organisé des voyages – Autobiographie de Sabrina Covic Radojicic – 360 pages

Medjugorje – Regard sur les «messages officiels»
Catherine E. Clifford, frère Denis-Antoine, f.e., Père Ivan Marcil, o.c.d., Abbé Philippe Thibodeau – 280 pages

Mes chers Enfants – Medjugorje raconté aux enfants
48 pages illustrées par des enfants – français, anglais, italien, croate

Réjouis-toi Marie! – Le Rosaire médité par le père Jean-Claude Darrigaux – 77 pages

L'Évangile selon Marie de Nazareth Père Jean-Claude Darrigaux – 132 pages

Saints Côme et Damien – Les vies des deux saints illustrée par des dessins d'enfants – 48 pages

Le passant au cœur pur – Conte de Vanessa Djakovic – 48 pages

Petite pomme – Trois histoires de Carine Poutous – 320 pages

Rencontre avec le père Jozo, une vie pour la paix
DVD en neuf langue – durée env. 70 minutes

L'album de Vie de la fille aînée de l'Église
DVD – durée env. 70 minutes

Père Alexis Wiehe

«Je vous ai choisis»

Medjugorje, 30 ans de messages

ISBN : 9782915380262

EAN : 2 - 915380 - 26 - 0

Conformément au décret du pape Urbain VIII et à l'acte II du Concile Vatican I l'auteur déclare qu'il n'engage pas l'autorité de l'Église à laquelle il se soumet entièrement.

Les mots «apparitions, miracles, messages» et autres, ont dans cas valeur de témoignage humain.

Père Alexis Wiehe

«*Ce n'est pas vous qui m'avez choisi, c'est moi qui vous ai choisis et établis, pour que vous partiez, que vous donniez du fruit, et que votre fruit demeure.*» Jn 15, 16

Depuis 30 ans, un petit village de Bosnie-Herzégovine s'est transformé en signe de contradiction. Quelques lettres, difficilement prononçables pour beaucoup, exprime un événement inattendu, origine d'un mouvement de grande ampleur depuis juin 1981.

Medjugorje. Vaste supercherie ou immense bénédiction? L'objectif de ce livre n'est pas de répondre à cette question. Il n'est pas question non plus de faire le récit desdites apparitions.

Les témoins affirment que des apparitions de la Vierge Marie ont lieu quotidiennement, depuis le 24 juin 1981. Les détracteurs n'admettent pas qu'un tel événement ait pu avoir lieu sur une aussi longue durée. Les critiques vont bon train. Les attaques n'ont jamais cessé.

Je n'ai pas autorité pour me prononcer au nom de l'Église. Je me plierai toujours à ce qu'elle dira et demandera de manière officielle, par la voix de ceux qui ont été mandatés pour observer, enquêter, et discerner.

Mais je me permets d'écrire ce petit ouvrage qui m'a été demandé. Je le fais avec l'autorisation de mon évêque, et en m'appuyant non pas uniquement sur mon étude des messages. En effet, je tiens compte de ce que j'y ai vécu[1], de ce que j'ai vu et entendu chez de nombreuses personnes. Je relis aujourd'hui ces messages à la lumière également de mon expérience pastorale, en tant que curé de paroisse, préoccupé par la mission d'évangélisation qui m'a été confiée.

Beaucoup de livres ont été écrits au sujet des messages attribués à la Vierge Marie à Medjugorje. J'ai eu moi-même l'occasion d'en écrire un[2] pour partager ma méditation des messages à partir de thèmes classiques pour ceux qui connaissent Medjugorje: la paix, la conversion, la foi, la prière et la sainteté.

A l'occasion du trentième anniversaire du début des apparitions de la Reine de la Paix, alors que la situation de notre monde reste préoccupante sous bien des aspects, je vous propose d'entrer dans un nouveau regard sur le message de Medjugorje. Les mêmes thèmes sont abordés, mais sous un angle différent. En effet, le premier point qui me semblait nécessaire de mettre en lumière, c'est ce qu'on entend par message. Ce qui est donné en ce lieu est bien plus qu'une sorte de télégramme. C'est une

---

[1] Je raconte ma première expérience à Medjugorje dans l'ouvrage des Editions des Béatitudes de 2007, *Et je devins prêtre*. Entre 1996 et 2009, j'ai eu l'occasion d'aller à Medjugorje environ 35 fois, et notamment pour accompagner des pèlerinages.

[2] *L'esprit de Medjugorje, trouver la paix intérieure,* Editions Arsis, 2007.

présence inespérée. Une présence quotidienne, depuis 30 ans ! À partir de ces éclaircissements, le deuxième chapitre parle de **l'espérance**, qui est la force de Medjugorje. Cette espérance est particulièrement nécessaire au milieu du **combat spirituel** qui marque notre existence. C'est le troisième thème. Un chapitre entier est consacré à **la prière**, qui est la grande clé pour entrer comprendre Medjugorje. Enfin, le cinquième et dernier chapitre parle de **la fidélité**. L'enjeu étant de ne pas seulement passer un bon moment dans cette méditation, mais de vivre, jour après jour, à l'école de la Vierge Marie.

«*Dieu veut que sa Sainte Mère soit à présent plus connue, plus aimée, plus honorée que jamais elle n'a été. (...) Elle est le moyen le plus assuré, le plus aisé, le plus court et le plus parfait pour aller à Jésus-Christ*[3]. »

---

[3] Saint Louis-Marie Grignion de Montfort, *Traité de la Vraie Dévotion à la Sainte Vierge*, § 55.

ÉCOUTER

Medjugorje est une école où l'on découvre combien Dieu se donne à ceux qui Le cherchent.

Dans chaque cœur, une aspiration profonde a été inscrite. Un désir ardent qui est plus ou moins ressenti, mais qui est là, caché en chaque être humain. C'est le désir de Dieu.

Le Créateur Lui-même a placé en nous ce désir, pour que chacun puisse librement Le chercher. «Joie pour les cœurs qui cherchent Dieu.» (Ps 105)

La Vierge Marie se présente comme un guide qui, non seulement, éveille en nous ce désir et nous aide à chercher Dieu. Mais surtout, elle nous permet de Le trouver.

«*Mes chers petits enfants, ouvrez-vous complètement à moi pour que je puisse vous entraîner toujours davantage vers l'amour merveilleux de Dieu le Créateur qui se révèle à vous de jour en jour. Je suis avec vous et je désire vous révéler et vous montrer le Dieu qui vous aime.*» *(25 août 1992)*

Dans toute l'histoire de la Révélation, l'enjeu est de savoir écouter. Avoir un cœur disponible, être sur la bonne fréquence, être dans de bonnes dispositions pour que notre Créateur puisse se révéler en plénitude. «*Ecoute Israël, le Seigneur notre Dieu est l'unique*!» (Dt 6, 4)

Il ne s'agit pas simplement de tendre l'oreille comme pour écouter un message sur un répondeur. C'est tout notre être qui a besoin de s'ouvrir à Dieu comme une fleur s'ouvre aux rayons du soleil levant.

Les événements de Medjugorje actualisent la Révélation de Celui qui est à l'origine de toute vie, de tout ce qui existe. Par la Vierge Marie, appelée affectueusement *Gospa* en croate, Il veut nous toucher en profondeur, dans un monde où tant de paroles et de discours sèment le doute et la dispersion:

«Je souhaite donner des messages comme jamais auparavant dans l'histoire depuis le commencement du monde. Merci d'avoir répondu à mon appel.» (Jeudi Saint 1985)

Medjugorje n'est pas une somme de messages qui ont été balancés sur terre d'un coup, comme pour nous assommer. Si au total il y a beaucoup de paroles transmises, dans la réalité ces messages sont donnés en dose homéopathique, au goutte-à-goutte. C'est ainsi qu'il nous faut aussi les accueillir. Si on les lit trop vite, on passe à côté. Il faut les prendre un à un, les goûter. Si on en lit trop d'un coup, on peut faire une indigestion et ne pas être capable de bien les entendre, de bien mesurer leur sens, de bien les intégrer dans notre vie :

« Petits enfants, lisez tous les jours les messages que j'ai donnés et transformez-les en vie. » *(25 décembre 1989)*

Il s'agit donc de chercher plutôt à nourrir notre méditation, lentement, et nous laisser éclairer progressivement. À chaque jour suffit sa peine. Nous allons citer quelques messages, nous arrêter à quelques-uns. Mais pour mieux les accueillir, il est nécessaire de les reprendre dans leur intégralité, d'en faire une nourriture, un pain quotidien.

Grands moyens pour un grand projet

À Medjugorje, six voyants ont été choisis. Eux seuls voient la Vierge Marie tous les jours dans les premiers temps. Puis certains cessent de la voir tous les jours et d'autres continuent, et ce depuis trente ans !

C'est au contact de ces témoins directs que les cœurs s'ouvrent à la présence de la Vierge Marie et au message que Dieu nous donne par son intermédiaire. Comme les apôtres au début du christianisme, comme les voyants dans d'autres lieux d'apparitions, ils vont connaître de rudes épreuves, mais ne vont pas céder pour autant à la pression qu'ils subissent. Ils vont persévérer dans cette mission de vivre et de transmettre les messages qu'ils reçoivent. Ainsi, le message de Medjugorje est arrivé jusqu'à vous et moi.

C'est ainsi que Jésus procède pour répandre la Bonne Nouvelle. Il choisit des personnes ordinaires, sans prédispositions particulières. Et différents cercles d'amis se créent autour de Lui. Nous découvrons les douze apôtres, et parmi eux quelques intimes : Pierre, Jacques et Jean. Puis les soixante-douze disciples. Puis les foules. Et c'est par rayonnement, de témoins en témoins, d'un cercle restreint à un cercle plus grand que la Bonne Nouvelle va se répandre. Pour transmettre Son message, Jésus Christ va utiliser une courroie de transmission toute simple : une chaîne de témoins qui traverse l'espace et le temps pour rejoindre toutes les générations, jusqu'aux extrémités de la terre. « *Vous serez mes témoins (...) jusqu'aux extrémités de la terre*[4]. »

La grande originalité de Medjugorje, c'est qu'il ne s'agit pas simplement de quelques témoins dans un lieu désert. C'est une paroisse entière qui est choisie pour vivre et transmettre le message.

« *Chers enfants, je désire vous dire que j'ai choisi cette paroisse et que je la garde dans mes*

---

[4] Ac 1,8.

mains comme une petite fleur qui ne peut pas mourir.» (1er août 1985)

A Lourdes, à La Salette, à Fatima et dans bien d'autres lieux d'apparitions, l'événement a lieu dans un endroit désert qui peu à peu va se transformer en sanctuaire et va attirer des foules.

À Medjugorje, la paroisse est le moyen choisi pour faire connaître le message. Autrement dit, c'est toute une communauté chrétienne, tout un village, qui est réquisitionné par le Ciel pour une mission de grande importance. Les quelques voyants sont appelés à guider tous les habitants.

«Chers enfants, je veux vous donner des messages... Par conséquent, aujourd'hui, je vous demande de vivre et d'accepter mes messages. Chers enfants, je vous aime! J'ai choisi cette paroisse de façon particulière. Elle m'est plus chère que les autres où j'ai été heureuse de séjourner quand le Tout-Puissant m'envoya. C'est pourquoi je vous demande de m'accepter, chers enfants. Pour votre bien, écoutez les messages. Merci d'avoir répondu à mon appel.» (21 mars 1985)

La paroisse est choisie de manière particulière. Elle est plus chère que toutes les autres, parce qu'avec cette paroisse un projet inédit est prévu par Dieu. Une bénédiction de grande ampleur pour un monde en grandes incertitudes. Une profusion de grâces est donnée à tous les continents, mais à partir de cette petite paroisse.

«*Chers enfants, cette paroisse que j'ai choisie est particulière. Elle se différencie de toutes les autres. Je donne de grandes grâces à ceux qui prient avec le cœur. Chers enfants, je donne des messages d'abord aux habitants de la paroisse. Ils sont destinés ensuite à tous les autres. Acceptez les messages, les autres les accepteront ensuite.*» *(6 février 1986)*

Malheureusement, tous les habitants de cette paroisse n'accepteront pas les messages. Mais malgré l'endurcissement de certains, l'enjeu étant trop important, l'œuvre commencée à Medjugorje va continuer. La mission des paroissiens n'est pas de répéter les messages à ceux qui viennent. Mais d'en vivre et d'en témoigner par leur vie personnelle, particulièrement dans l'amour.

«*Chers enfants, en ces jours viendront dans la paroisse des gens de toutes nations. C'est pourquoi, maintenant, je vous appelle à l'amour. Aimez d'abord ceux de votre maison et alors vous pourrez accepter et aimer tous ceux qui viennent. Merci d'avoir répondu à mon appel.*» *(6 juin 1985)*

Ainsi, une chaîne de transmission s'est rapidement mise en place. Partant de l'expérience des voyants, elle a atteint les extrémités de la terre. Les voyants se sont laissés transformer, puis les paroissiens, puis ceux qui viennent en pèlerinage; et à partir des pèlerins, le message de Medjugorje se répand comme un fleuve sur le monde. Dans cette chaîne de transmission, chacun a un rôle important!

« Chers enfants, vous êtes responsables des messages.» (8 mai 1986)

Tous ceux qui sont passés à Medjugorje sont responsables des messages. Certains arriveront à en témoigner, d'autres moins. Tous ceux qui ont été rejoints par Medjugorje sont invités à se rendre disponibles pour participer aujourd'hui au grand projet que Dieu réalise par ce lieu:

« Chers enfants, voilà, à partir d'aujourd'hui vivez tous une nouvelle vie. Chers enfants, comprenez que Dieu a choisi chacun d'entre vous pour l'utiliser dans un grand plan de salut de l'humanité. Vous ne pouvez comprendre l'importance de votre rôle dans les desseins de Dieu. C'est pourquoi, chers enfants, priez pour pouvoir comprendre le plan que Dieu a à travers vous. Je suis avec vous pour vous permettre de le réaliser dans sa plénitude. Merci d'avoir répondu à mon appel.» (25 janvier 1987)

Ce message marque un tournant dans l'histoire de Medjugorje. C'est à partir de ce jour-là, le 25 janvier 1987, que désormais les messages seront mensuels. Il indique une nouvelle étape dans la mobilisation. En effet, tous ceux qui lisent ce message sont invités à entrer dans une disponibilité totale pour participer à l'Œuvre de Dieu.

Présence de Marie, Reine de la Paix

« Chers enfants, aujourd'hui encore, je vous appelle à l'abandon complet à Dieu. Chers enfants, vous n'êtes pas conscients de quel amour Dieu vous aime. C'est pour cela qu'il me permet d'être avec vous, pour vous enseigner et vous aider à trouver le chemin de la paix. » *(25 mars 1988)*

Dieu est notre Paix. Il nous appelle, Il nous a choisis pour faire de nous des artisans de paix. Ce n'est pas l'analyse intellectuelle des messages qui nous permet de grandir à l'école de Medjugorje. Ce qui est essentiel, c'est le contact avec celle qui les transmet. Car elle a vécu personnellement chacun de ces messages, et elle désire nous communiquer par son amour maternel les clés de lecture pour comprendre ce qu'elle dit, et surtout les justes attitudes pour les mettre en pratique.

Le plus important à Medjugorje, ce n'est pas d'abord la somme des messages, c'est celle qui les transmet. Le signe le plus important ce n'est pas tel miracle ou telle guérison, mais c'est quelqu'un : la Sainte Vierge Marie, Mère de Dieu, Reine de la Paix.

Le grand message de Medjugorje se lit dans sa vie et dans son cœur débordant de tendresse maternelle :

« Petits enfants, je suis avec vous, je vous aime. » (25 août 1995)

« De jour en jour, je prie le Seigneur, pour qu'il vous aide à comprendre l'amour que j'ai pour vous. » (21 août 1986)

La Bienheureuse Vierge Marie est à elle seule toute une catéchèse. Certes, elle n'est pas une personne divine. Mais elle est la créature qui peut, mieux que toutes les autres réunies, témoigner de l'identité de Dieu et de son projet bienveillant pour les êtres humains. Car elle a été choisie pour être associée de façon extraordinaire à la Révélation de Dieu et à Son œuvre de salut pour l'humanité entière.

Fille du Père

« Chers enfants, décidez-vous ! Croyez que Dieu s'offre à vous dans toute sa plénitude. Vous êtes invités, il vous faut répondre à l'appel du Père qui vous invite par mon intermédiaire. » (25 octobre 1987)

Marie est la fille bien-aimée du Père. Elle ne cherche pas à se substituer à Dieu le Père, ni à lui faire concurrence. Elle nous rappelle constamment que si elle est avec nous à Medjugorje, c'est uniquement parce qu'Il le lui permet :

«*Chers enfants, je remercie, aujourd'hui encore, le Seigneur pour tout ce qu'il a fait pour moi. Surtout de m'avoir permis d'être encore aujourd'hui avec vous.*» *(25 décembre 1996)*

Toute sa vie est marquée par cette attitude humble et débordante d'action de grâce devant Dieu et devant l'œuvre de Ses mains. Elle nous invite à nous décentrer de nous-mêmes pour louer avec elle, et comme elle : «*Mon âme exalte le Seigneur, exulte mon esprit en Dieu mon sauveur (...) Le puissant fit pour moi des merveilles, saint et son Nom. Son amour s'étend d'âge en âge sur ceux qui le craignent.*» *(Lc 1, 46-47; 49-50)*

«*Tous les âges me diront bienheureuse*[5]*!*» En découvrant la place de Marie dans le cœur de Dieu, nous entrons dans une joie immense et nous ne pouvons nous empêcher de chanter ses louanges : «*On n'a point encore assez loué, exalté, honoré, aimé et servi Marie. Elle mérite encore plus de louanges, de respects, d'amour et de services. (...) Dieu le père a fait un assemblage de toutes les eaux, qu'il a nommé mer; il a fait un assemblage de toutes ses grâces, qu'il a appelé Marie*[6].»

---

[5] Lc 1,48.

[6] Saint Louis-Marie Grignion de Montfort, *Traité de la Vraie Dévotion à la Sainte Vierge*, § 10, 23.

Mère du Fils

«Je me tourne ici un moment vers vous, ô mon aimable Jésus, pour me plaindre amoureusement à votre divine Majesté, de ce que la plupart des chrétiens, même des plus savants, ne savent pas la liaison nécessaire, qui est entre vous et votre sainte Mère. Vous êtes Seigneur toujours avec Marie, et Marie est toujours avec vous et ne peut être sans vous. (...) Elle vous est si intimement unie, qu'on séparerait plutôt la lumière du soleil, la chaleur du feu; je dis plus, on séparerait plutôt tous les anges et les saints de vous, que la divine Marie: parce qu'elle vous aime plus ardemment, et vous glorifie plus parfaitement que toutes vos autres créatures ensemble[7]*.»*

Le nom de Jésus est constamment présent dans les messages de Medjugorje. Et s'il n'est pas nommé directement, Marie parle de son Fils. Nous découvrons rapidement que c'est Lui, et Lui seul qu'elle désire nous donner. Oui, elle est comblée de grâces; mais elle désire nous offrir bien plus que des grâces. Elle veut nous mettre en relation avec Jésus, l'auteur et la source de la grâce divine. Elle veut nous Le présenter et nous apprendre à L'écouter: «*Faites tout ce qu'il vous dira.*» *(Jn 2, 5)* Ce verset biblique résume à lui seul le message de Medjugorje. En effet, rien de ce qui nous est dit n'a pas déjà été dit par Jésus.

[7] *ibid.* § 63.

«Chers enfants, aujourd'hui je suis avec vous d'une manière spéciale, tenant le Petit Jésus dans les bras, et je vous invite, petits enfants, à vous ouvrir à Son appel. Il vous appelle à la joie. Petits enfants, vivez avec joie le message de l'Évangile que je vous répète depuis le temps que je suis avec vous. Petits enfants, je suis votre Mère et je désire vous révéler le Dieu d'Amour, le Dieu de Paix. Je ne souhaite pas que votre vie soit dans la tristesse mais qu'elle soit réalisée dans la joie pour l'éternité, selon l'Évangile. Seulement ainsi votre vie aura-t-elle un sens. Merci d'avoir répondu à mon appel.» (25 décembre 1986)

Chaque année, le 25 décembre, la Vierge Marie apparaît avec l'Enfant Jésus dans ses bras. La chair de sa chair. Lui qui a gravé dans son cœur la Nouvelle loi évangélique: «*Marie retenait tous ces événements et les méditait dans son cœur.*» *(Lc 2,19)*

Là nous arrivons au point crucial. L'Évangile, la Parole de Dieu, ce n'est pas un texte, mais quelqu'un. Jésus Christ, Fils de Dieu, fils de Marie. La grande apparition de Dieu dans l'histoire, c'est la venue de Jésus-Christ. «*Car Dieu a tant aimé le monde qu'il a envoyé son Fils Unique.*» *(Jn 3, 16)*

La Bonne Nouvelle n'est pas un texte! Elle resplendit pour nous sur le visage d'un Homme-Dieu. Dieu s'est fait homme, Il est né d'une femme, et c'est par cette humanité qu'Il nous a tout dit, une fois pour toute. Le langage de Dieu, c'est la chair de Jésus, le corps du Christ. Or, c'est par Marie qu'Il s'est fait homme, qu'Il a pris chair.

La Vierge Marie est, en chair et en os, le signe vivant qui nous rappelle cette Bonne Nouvelle. Parce que c'est par elle qu'est venu le médiateur entre Dieu et les hommes. Elle ne remplace pas cette médiation unique de son Fils, mais elle la met en lumière, et l'actualise pour notre génération.

Alors qu'il existe dans le monde encore tellement de caricatures de Dieu, des images tellement déformée de ce qu'Il est en Lui-même, la présence de la Mère nous montre le Fils bien-aimé, image visible du Dieu invisible. «*Chers enfants, consacrez du temps à Jésus seul et il vous donnera tout ce que vous cherchez. Il se révélera à vous en plénitude.*» *(25 septembre 1987)*

Comblée de l'Esprit Saint

Marie est remplie de l'Esprit Saint dès sa conception immaculée. À l'Annonciation, l'ange lui dit: «*L'Esprit Saint viendra sur toi et la Puissance du Très-Haut te prendra sous son ombre.*» *(Lc 1, 35)*

Depuis sa conception, celle qui a été choisie pour être la Mère du Sauveur a vécu une intimité inégalable avec l'Esprit Saint. La Mère de Jésus est présente avec les apôtres rassemblés au Cénacle dans l'attente de l'Esprit Saint. Elle, mieux qu'aucune autre créature, peut nous apprendre à appeler l'Esprit Saint, à l'accueillir :

«*Chers enfants, priez avec moi le Saint Esprit afin qu'Il vous guide dans la recherche de la volonté de Dieu sur le chemin de votre sainteté.*» *(25 mai 2007)*

C'est l'Esprit Saint qui a fait de Medjugorje une terre féconde, où poussent d'innombrables bons fruits. Cette effusion est certainement liée à la présence de l'Immaculée Conception : «*Le Saint Esprit est devenu fécond par la Vierge Marie qu'il a épousée. C'est avec elle et en elle et d'elle qu'il a produit son chef-d'œuvre, qui est un Dieu fait homme. (...) C'est pourquoi, plus il trouve Marie, sa chère et indissoluble épouse, dans une Ame, et plus il devient opérant et puissant pour produire Jésus-Christ en cette âme et cette âme en Jésus-Christ*[8]*.*»

Dans les messages de Medjugorje, nous sommes invités constamment à invoquer l'Esprit Saint. Cela est particulièrement vrai à l'approche de la fête de la Pentecôte. À cette période de l'année, l'Église est invitée à se préparer à recevoir de nouveau une effusion de l'Esprit Saint. La Gospa nous

---

[8] *op. cit.* Saint Louis-Marie Grignion de Montfort, § 20.

adresse alors les mêmes encouragements que notre Mère l'Église :

« *Chers enfants, Aujourd'hui, je prie pour vous et avec vous pour que l'Esprit Saint vous aide et augmente votre foi afin que vous acceptiez encore davantage les messages que je vous donne ici, en ce saint lieu. Petits enfants, comprenez que ceci est un temps de grâce pour chacun de vous, et avec moi, petits enfants, vous êtes en sécurité. Je désire vous emmener tous sur le chemin de la sainteté. Vivez mes messages et mettez dans votre vie chaque parole que je vous donne. Qu'elles soient précieuses pour vous, car elles viennent du ciel. Merci d'avoir répondu à mon appel.* » *(25 juin 2002)*

Reine de la paix

Aux premiers jours des événements, celle qui apparaît dévoile son identité et se présente comme la Reine de la Paix. Cette paix qui est proposée depuis trente ans n'est pas quelque chose, mais quelqu'un. Dieu est la paix même.

« *Chers enfants, je suis votre Mère, et je vous invite à vous rapprocher de Dieu à travers la prière, parce que Lui seul est votre Paix.* » *(25 septembre 1993)*

Fille bien-aimée du Père, Mère du Christ, Épouse de l'Esprit Saint, Marie de Nazareth vit dans une relation intime avec ce Dieu de la Paix, ce Dieu qui est communion d'amour: Père, Fils et Esprit Saint. À chaque fois qu'elle se manifeste, dans tout ce qu'elle dit, elle demeure en relation avec ce Dieu d'amour. Car le Mystère de Marie reste une énigme sans ce lien privilégié avec la Trinité Sainte. Mais dans cette communion, elle rayonne alors de la paix divine qui devient contagieuse par sa seule présence.

Medjugorje n'a pas pour objectif de nous apporter un peu de distraction ou d'émotion, mais de nous remettre en lien avec le Dieu qui nous a créés et qui a fait alliance avec les hommes. Voilà le programme pastoral de la Gospa, parce que cette alliance est toujours actuelle, qu'elle est le plus grand don de Dieu pour demeurer dans la paix.

«*Je suis votre Mère et la Reine de la Paix.*» *(25 juillet 1988)*

«*Je vous aime et je souhaite que vous vous abandonniez à moi, afin que je puisse vous conduire à Dieu.*» *(25 mai 1988)*

Humble servante du Seigneur, la place que Dieu lui a donnée n'est pas banale. Elle est notre mère et notre reine. C'est une relation d'amour qu'elle veut établir avec chacun de nous. Par cette relation, elle veut pouvoir exercer sur chacun son influence maternelle et royale.

«*Je suis un don pour vous car, de jour en jour, Dieu me permet d'être avec vous et d'aimer chacun de vous d'un amour incommensurable. C'est pourquoi, petits enfants, dans la prière et l'humilité, ouvrez vos cœurs et soyez des témoins de ma présence.»* (25 octobre 2005)

Tous les messages sont imprégnés de cette tendresse maternelle. Par leur ton, mais aussi par leur pédagogie, et par cette inlassable répétition des choses élémentaires que nous avons du mal à intégrer dans notre vie. Les messages mettent en valeur le contenu de la foi catholique. Cependant, ils aident surtout à entrer dans une foi vivante, par une relation intime comme un enfant avec son père et sa mère: «*Je tiens mon âme égale et silencieuse; mon âme est en moi comme un enfant, comme un petit enfant contre sa mère.*» (Ps 130)

C'est pourquoi, les messages s'adressent à nous comme à des enfants: «Chers enfants», «petits enfants». C'est uniquement avec l'humilité de l'enfant que nous pouvons nous décentrer de nous-mêmes pour nous mettre à l'écoute, à son école. «*Laissez les enfants venir à moi, ne les empêchez pas, car le Royaume de Dieu est à ceux qui leur ressemble. Amen, je vous le dis: celui qui n'accueille pas le Royaume de Dieu à la manière d'un enfant n'y entrera pas.*» (Lc 18, 16-17)

Pour entrer dans le message de Medjugorje, qu'on soit pèlerin d'un jour dans le sanctuaire ou simple curieux attiré par ces événements, il faut entrer en contact, dans le silence, avec cette mère qui est là, où qu'on soit, et qui nous aime d'un amour qui désarme, qui console, qui comble.

«*Je vous en prie, petits enfants, priez et aidez-moi à vous aider. Je suis votre Mère et je vous aime et c'est pourquoi je désire vous aider.*» *(25 mai 1995)*

Psaume 1

Heureux est l'homme qui n'entre pas
au conseil des méchants,
Qui ne suit pas le chemin des pécheurs,

Ne siège pas avec ceux qui ricanent,
Mais se plaît dans la loi du Seigneur
Et murmure sa loi jour et nuit!

Il est comme un arbre planté
près d'un ruisseau,
Qui donne du fruit en son temps,
Et jamais son feuillage ne meurt;

Tout ce qu'il entreprend réussira,
Tel n'est pas le sort des méchants.

Psaume 8

Ô Seigneur notre Dieu,
Qu'il est grand ton nom
Par toute la terre !

Jusqu'aux cieux ta splendeur est chantée
Par la bouche des enfants, des tout-petits :
Rempart que tu opposes à l'adversaire,
Où l'ennemi se brise en sa révolte.

A voir ton ciel, ouvrage de tes doigts,
La lune et les étoiles que tu fixas,
Qu'est-ce que l'homme
pour que tu penses à lui,
Le fils d'un homme, que tu en prennes soucis ?

Tu l'as voulu un peu moindre qu'un dieu,
Le couronnant de gloire et d'honneur;
Tu l'établis sur les œuvres de tes mains,
Tu mets toutes choses à ses pieds.

L'ESPÉRANCE

Un grand vent d'espérance souffle à Medjugorje. Ce vent parcourt l'Église et le monde. Medjugorje est un signe époustouflant pour notre temps ! Le sanctuaire et tout le village offrent une bouffée d'air pur dans un monde en asphyxie. Dans l'église paroissiale ou sur les collines, dans les rues ou dans les champs, on se laisse oxygéner par une proximité du Ciel. Oui, cette présence du Ciel est comme palpable et indique un chemin sûr, un chemin fiable, permettant de traverser le labyrinthe du relativisme moderne. Pour reprendre les mots de Marie elle-même, Medjugorje est une oasis de paix au milieu d'un désert spirituel de plus en plus aride.

«Là où le péché abonde, la grâce surabonde.» *(Rm 5, 20)*

Celle qui est appelée par l'ange *comblée de grâces*, nous parle constamment de cette grâce de sa présence, de ses messages et de tout ce que Dieu nous donne en ces temps à travers elle.

Medjugorje nous fait entrer dans l'espérance. Non pas un espoir humain, mais une espérance théologale, qui est l'ancre de l'âme.

Dieu nous a créés par amour et pour l'amour

«*Ne perdez pas l'espérance car Dieu aime ses créatures. Il désire vous sauver, un par un, à travers mes venues ici.*» *(25 mars 2003)*

Une lumière nouvelle éclaire notre vie lorsque nous découvrons à quel point nous sommes aimés. Celui qui nous a créés ne nous a pas abandonnés, mais Il nous accompagne constamment d'un regard plein de miséricorde, et veut nous aider.

Dieu le créateur ne nous a pas lâchés dans une existence absurde, dépourvue de sens. Il nous a créés par amour et pour l'amour. «*Il nous a choisis dès avant la création du monde pour que nous soyons saints et irréprochables en sa présence, dans l'amour.*» *(Ep 1, 4)*

La Vierge Marie veut nous apprendre à découvrir cet amour infini qui s'offre à nous en permanence, à chaque instant du jour et de la nuit, et auquel nous sommes si peu ouverts:

«*Chers enfants, vous n'êtes pas conscients de quel amour Dieu vous aime. C'est pour cela qu'il me permet d'être avec vous, pour vous enseigner et vous aider à trouver le chemin de la paix.*» *(25 mars 1988)*

Cette révélation n'est pas une belle histoire pour nous rassurer. Ce n'est pas une hypothèse, une théorie perdue au milieu de milliers d'autre. C'est une vérité fondamentale qui est expérimentée à Medjugorje. Dieu nous aime d'un amour incommensurable, et c'est par amour qu'Il envoie la Vierge Marie, afin de nous permettre de retrouver le chemin qui mène à Lui.

C'est cette relation d'amour qui redonne sens à toute la vie, qui nous donne l'assurance que rien n'est impossible à Dieu.

« Chers enfants, cette semaine je vous demande de vivre ces paroles : j'aime Dieu ! Chers enfants, par l'amour vous pouvez tout obtenir, même ce que vous croyez impossible. » *(28 février 1985)*

Rien ne peut nous séparer de l'amour de Dieu. *« J'en ai la certitude : ni la mort ni la vie, ni les esprits ni les puissances, ni le présent ni l'avenir, ni les astres, ni les cieux, ni les abîmes, ni aucune autre créature, rien ne pourra nous séparer de l'amour de Dieu qui est en Jésus-Christ. »* *(Rm 8, 38-39)*

Amour personnel et inconditionnel

Dans le village des apparitions, il n'y a rien qui soit mis en valeur. Du point de vue humain, il n'y a rien à voir. Mis à part les magasins, rien ne nous distrait. Tout est ordinaire. Les collines et les lieux de rencontres sont très dépouillés. Et ce dépouillement contribue à ouvrir nos cœurs à l'amour extraordinaire dont nous sommes aimés. «*Heureux les pauvres de cœurs, le Royaume des Cieux est à eux*[9]*.*» L'accueil, la simplicité, le climat de prière et de ferveur nous met à nu devant le seul trésor qui est découvert sur place: «*Dieu est amour*[10]*.*» C'est l'expérience fondamentale qui est vécue à Medjugorje et qui ne pourra jamais être théorisée. Cette expérience éveille un grand désir d'aimer en retour notre Créateur. De répondre à l'amour par l'amour.

«*Je vous invite à aimer avant tout le Dieu Créateur de vos vies et alors vous reconnaîtrez Dieu et vous l'aimerez en tous, comme Lui-même vous aime. Chers enfants, c'est une grâce que je sois avec vous, c'est pourquoi acceptez et vivez mes messages pour votre bien.*» *(25 novembre 1992)*

Cet amour personnel et inconditionnel de Dieu est manifesté à travers toute l'histoire sainte. C'est toujours à partir d'une personne ou de quelques-uns que Dieu veut communiquer à tous Son amour. Il choisit des hommes et des femmes. Il choisit un peuple. La Vierge Marie nous invite à lire les Saintes Écritures qui nous offrent le témoignage de nos pères dans la foi.

---

9 Mt 5,3.

10 1Jn 4,8.

Or, ce témoignage est toujours celui d'une joyeuse rencontre avec Dieu:

«*Je vous appelle par la lecture de la Sainte Écriture à renouveler la prière dans vos familles afin que vous expérimentiez la joie dans la rencontre avec Dieu, qui aime infiniment ses créatures.*» *(25 septembre 1999)*

Un amour concret

Les Saintes Écritures nous parlent d'un amour très concret, qui s'inscrit dans l'histoire de l'humanité. La Vierge Marie est issue du Peuple d'Israël, choisi par Dieu pour faire alliance. Celle qui intervient dans notre histoire contemporaine porte dans sa chair l'histoire de son Peuple.

«*Mettez la Sainte Écriture dans un endroit visible dans vos familles, lisez-la, méditez-la et apprenez comme Dieu aime son peuple. Son amour se manifeste aussi aujourd'hui car il m'envoie pour vous inviter sur le chemin du salut.*» *(25 janvier 1999)*

Dans Son grand amour, Dieu ne nous abandonne pas à notre misère, mais Il continue à intervenir dans le temps pour proposer Son alliance éternelle aux hommes. Une relation interpersonnelle, une relation d'amour profonde et durable.

Si Marie est membre du Peuple de l'Alliance, elle est surtout la mère du Rédempteur, Jésus, par qui une alliance nouvelle et éternelle a été scellée. Par sa foi et par son «Fiat», cette alliance a été inaugurée avant d'être à jamais établie sur la croix: «*Vous n'aviez pas d'espérance, et, dans le monde, vous étiez sans Dieu. Maintenant, en Jésus-Christ, vous qui étiez loin, vous êtes devenus proches par le sang du Christ. C'est lui, le Christ, qui est notre paix: des deux, Israël et les païens, il a fait un seul peuple; par sa chair crucifiée, il a fait tomber ce qui les séparait, le mur de la haine.*» *(Ep 2, 12-14)*

C'est lui, Jésus-Christ, qui est au cœur des Écritures. C'est vers Lui que Marie veut nous apprendre à orienter nos pensées et nos cœurs, afin de découvrir concrètement l'amour divin, en chair et en os.

«*Je désire vous rapprocher encore plus de Jésus et de son cœur blessé afin que vous puissiez comprendre son incommensurable amour, qui s'est donné pour chacun de vous. C'est pourquoi, chers enfants, priez pour que de vos cœurs se répande une fontaine d'amour envers chaque être humain, aussi bien ceux qui vous haïssent que ceux qui vous méprisent. De cette manière, grâce à l'amour de Jésus, vous serez capables de vaincre toute misère dans ce monde de douleur qui est sans espérance pour ceux qui ne connaissent pas Jésus.*» *(25 novembre 1991)*

L'amour du Christ est le gage de notre espérance. Il nous a aimés jusqu'au bout, jusqu'au don total de Lui-même, jusqu'à la mort sur une croix. C'est devant cette croix dressée entre ciel et terre que nous sommes constamment invités à prier à Medjugorje. Elle est plantée aux quatre coins du village et le pèlerin découvre peu à peu le langage de la croix : dans le silence, l'amour de Dieu est proclamé avec force. De Son cœur transpercé, comme d'une source intarissable, jaillit l'amour dont avons besoin d'être abreuvé.

La Mère de Jésus était présente à ce moment crucial de l'histoire. Elle est restée debout au pied de la croix. Elle veut nous apprendre à la contempler comme elle :

«*Il faut prier à nouveau devant la Croix. Chers enfants, je vous donne des grâces particulières et Jésus vous donne des cadeaux qui viennent de la croix. Accueillez-les et vivez-les ! Méditez la Passion de Jésus. Dans vos vies unissez-vous à Jésus. Merci d'avoir répondu à mon appel.*» *(20 février 1986)*

La croix, source de toutes grâces, apparaît clairement comme un signe puissant, un message éloquent, un résumé de notre foi. C'est ce que proclamaient déjà les apôtres dans leur prédication, au début du christianisme : «*Le langage de la croix est folie pour ceux qui vont à leur perte, mais pour ceux qui vont vers leur salut, pour nous, il est puissance de Dieu.*» *(1 Co 1, 18)*

Le signe de croix indique le Ciel. Par Sa mort et Sa résurrection, le Christ est devenu le premier né d'entre les morts. Par Sa mort Il a détruit la mort, par Sa résurrection Il nous a ouvert les portes de la vie.

Dieu nous a créés pour le Ciel

Le Ciel à Medjugorje devient une réalité tellement proche et accessible. Une évidence. Par sa simple venue quotidienne, même silencieuse, la Vierge Marie parle du Ciel:

«*Comprenez que toutes les choses terrestres ne sont pas importantes pour vous. Vous ne devez aspirer qu'au Ciel.*» *(6 Novembre 1986)*

«*Recherchez les réalités d'en-haut*», exhortait saint Paul. *(Col 3, 1)*

À Medjugorje, on les trouve ces réalités. On découvre combien le Ciel est notre véritable patrie, et le temps lui semble désormais complètement relatif:

«*Je vous aime, chers enfants, d'un amour particulier, et je veux tous vous emmener au Ciel vers Dieu. Je souhaite que vous compreniez que cette vie dure peu de temps par rapport à la vie céleste.*» *(27 novembre 1986)*

La Vierge Marie est la seule créature glorifiée avec son âme et son corps. Elle est, parmi les habitants du Ciel, celle qui peut le mieux témoigner de la puissance de Dieu. «*Le Puissant fit pour moi des merveilles, saint est son Nom*[11]*.»* Comblée d'un si grand bien, comblée de grâces, comblée de Dieu, elle ne parle du Ciel que pour nous faire découvrir sa beauté, sa grandeur, et l'urgence de nous décider à prendre sans détours le chemin qui mène à lui.

«Je souhaite que tous ceux qui ont vécu à cette source de grâces, arrivent au Paradis avec un cadeau qu'ils me donneront, qui sera la sainteté. C'est pourquoi, chers enfants, priez et de jour en jour, transformez votre vie pour devenir saints. Je serai toujours proche de vous.» (13 novembre 1986)

La catéchèse de Medjugorje au sujet du Ciel est très réaliste. Le Ciel n'est pas un monde merveilleux qui serait la projection de tous nos désirs terrestres. Le Ciel est désirable parce qu'Il est habité par Dieu, qui seul est capable de combler tous nos désirs de bonheur. «*Tu nous as fait pour toi, Ô Dieu, et notre cœur est sans repos tant qu'il ne demeure en toi*[12]*.»*

Se décider pour le Ciel, c'est se décider pour la sainteté.

Le but de la Vierge Marie est de nous conduire au Ciel. Ce chemin vers le Ciel s'appelle le chemin de la sainteté.

---

[11] Lc 1, 49.

[12] Saint Augustin: *Confessions, I-1(1)*. Traduction du latin de Louis de Mondadon, Collection Sagesse, Editions Pierre Horay-Seuil, Paris, 1982.

«*Je vous invite, petits enfants, à vous décider à cheminer sur la voie de la sainteté. Seulement de cette manière vous serez proches de moi. Je vous aime, et je désire vous conduire tous avec moi au Paradis.*» *(25 avril 1994)*

Dieu nous appelle à la sainteté. Ce n'est pas un appel réservé à quelques-uns. Chacun de nous, quel que soit son état de vie, est appelé par Dieu. Cet appel est relayé par la Vierge Marie, mais il est inscrit par Dieu dans notre cœur profond. Dieu seul est saint. Cette sainteté nous est communiquée pleinement au jour de notre baptême, mais il s'agit pour nous de ne pas la négliger, de la faire fructifier dans notre vie.

Alors que nous avons conscience de nos faiblesses et que cette conscience nous paralyse et nous empêche de croire à la réalisation de nos plus grandes aspirations, notre mère du Ciel nous invite à changer notre regard sur nous-mêmes. Dieu voit en chacun un saint qui sommeille et qu'Il veut réveiller! L'œuvre de notre sanctification est la plus grande œuvre que Dieu veut réaliser en nous, et avec nous.

«*Petits enfants, priez et recherchez la volonté de Dieu dans votre vie de tous les jours. Je voudrais que chacun d'entre vous découvre le chemin de la sainteté, pour croître sur ce chemin jusqu'à l'éternité.*» *(25 avril 1990)*

Les saints reconnus, et dont la vie est proposée en exemple par l'Église, ont connu comme nous les épreuves de ce monde. Ils sont les plus grands amis dont nous avons besoin pour nous stimuler durant notre pèlerinage ici-bas. C'est pourquoi nous sommes constamment invités à nous ouvrir à eux. En priant Dieu, l'Église reconnaît leur rôle envers nous: «*Dans leur vie, tu nous procures un modèle, dans la communion avec eux, une famille, et dans leur intercession, un appui, afin que, soutenus par cette foule immense de témoins, nous courions jusqu'au bout l'épreuve qui nous est proposée et recevions avec eux l'impérissable couronne de gloire, par le Christ notre Seigneur.*» *(Missel Romain)*

La Reine du Ciel nous invite à nous approcher des saints pour qu'ils soient des exemples stimulants[13] dans notre vie quotidienne, pour qu'ils nous aident à vivre au milieu des changements de ce monde en demeurant enracinés en Dieu qui ne change pas[14].

Elle nous invite surtout à ouvrir nos cœurs à l'Esprit Saint qui est le seul capable de nous sanctifier:

«*Priez pour que le Saint Esprit vous illumine et vous guide sur le chemin de la sainteté.*» *(25 juin 2005)*

---

[13] «*Je vous invite à vous ouvrir et à vivre en prenant les saints comme exemples. La Mère Église les a choisis afin qu'ils soient une stimulation pour votre vie quotidienne.*» (25 octobre 1994)

[14] «*Recherchez auprès de vos saints protecteurs l'aide pour grandir dans l'amour envers Dieu.*» (25 juillet 2002)

Dieu ne refuse pas Son Esprit Saint à ceux qui le Lui demandent. Il nous faut L'appeler souvent et croire qu'Il est capable de nous transformer intérieurement, de déployer toute Sa puissance dans nos faiblesses :

« Que votre cœur soit préparé à écouter et à vivre tout ce que l'Esprit-Saint a dans son plan pour chacun d'entre vous. Petits enfants, permettez à l'Esprit Saint de vous conduire sur le chemin de la vérité et du salut vers la vie éternelle. » (25 mai 1998)

« L'espérance ne déçoit pas, car l'amour de Dieu a été répandu en nos cœurs par le Saint Esprit qui nous a été donné. » (Rm 5, 5)

Accueillir son pardon : quelle joie !

Pour mettre le cap sur le Ciel, pour emprunter le chemin de la sainteté, une étape est incontournable : le pardon de Dieu.

La joie de la Bonne Nouvelle est étroitement liée au pardon que Dieu nous accorde. La parabole du Fils Prodigue nous parle de cette miséricorde infinie de Dieu[15]. Il est capable de tout pardonner, de nous accueillir quelle que soit le poids de nos péchés ou la gravité de nos fautes, de nous régénérer dans Son amour infini, pour nous permettre de prendre un nouveau départ. Voilà l'espérance qui ne déçoit pas !

[15] Cf. Lc 15.

Les apôtres, en recevant l'Esprit Saint, reçoivent la mission de pardonner les péchés : «*Recevez l'Esprit Saint ! Tout homme à qui vous remettrez ses péchés, ils lui seront remis.*» *(Jn 20, 22)*

Il est fidèle, celui qui a promis. Dieu est capable, par la puissance de Son amour, de nous libérer du péché, du mal, et de toutes ses conséquences dans nos vies.

«*Chers enfants, ouvrez votre cœur à la miséricorde de Dieu en ce temps de Carême. Le Père Céleste désire libérer chacun de vous de l'esclavage du péché. C'est pourquoi, petits enfants, faites bon usage de ce temps et, à travers la rencontre avec Dieu dans la confession, abandonnez le péché et décidez-vous pour la sainteté. Faites cela par amour pour Jésus qui vous a tous rachetés par son sang afin que vous soyez heureux et dans la paix. Ne l'oubliez-pas, petits-enfants : votre liberté est votre faiblesse, c'est pourquoi suivez mes messages avec sérieux. Merci d'avoir répondu à mon appel.*» *(25 février 2007)*

Si chaque année, à l'approche de Pâques, les chrétiens sont invités à se confesser pour recevoir le pardon de Dieu, à Medjugorje, c'est chaque jour que se vit cette démarche. Le sanctuaire est réputé pour ses longues files d'attentes qui conduisent des hommes et des femmes de toute condition vers le chemin de la liberté véritable.

Si aujourd'hui nous voulons entrer dans la grâce donnée à Medjugorje, alors, il est bon de nous arrêter pour reconnaître, à la lumière de l'amour de Dieu, tout ce qui dans notre vie a été affecté par le péché, toutes nos petites et grandes complicités avec le Mal. Il ne peut y avoir de réconciliation avec Dieu sans cet aveu de nos fautes, cette conscience que nous sommes pécheurs et que nous avons besoin de Lui.

«*Si donc quelqu'un est en Jésus Christ, il est une création nouvelle. Le monde ancien s'en est allé, un monde nouveau est déjà né. Tout cela vient de Dieu: il nous a réconciliés avec lui par le Christ, et il nous a donné pour ministère de travailler à cette réconciliation. Car c'est bien Dieu qui, dans le Christ, réconciliait le monde avec lui: il effaçait pour tous les hommes le compte des péchés, et il mettait dans notre bouche la parole de la réconciliation.*» *(2 Co 17-19)*

Psaume 39

D'un grand espoir j'espérais le Seigneur,
Il s'est penché vers moi pour entendre mon cri.
Dans ma bouche il a mis un chant nouveau,
Une louange à notre Dieu.

Beaucoup d'hommes verront, ils craindront,
Ils auront foi dans le Seigneur.
Tu as fait tant de choses pour nous,
Toi Seigneur mon Dieu !

Tant de projets et de merveilles :
Non, tu n'as point d'égal !

Tu ne voulais ni offrande, ni sacrifice,
Tu as ouvert mes oreilles;

Tu ne demandais ni holocauste, ni victime,
Alors j'ai dit : voici je viens.

Toi Seigneur ne retiens pas loin de moi
ta tendresse;
Que ton amour et ta vérité sans cesse
me gardent.

Psaume 131

Seigneur je n'ai pas le cœur fier,
ni le regard hautain.
Je n'ai pas pris un chemin de grandeurs
Ni de prodiges qui me dépassent.

Non, je tiens mon âme en paix et silence;
Comme un petit enfant contre sa mère,
Comme un petit enfant,
telle est mon âme en moi.

Mets ton espoir, Israël, dans le Seigneur,
Dès maintenant et à jamais !

Psaume 41

Comme un cerf altéré cherche l'eau vive
Ainsi mon âme te cherche, toi, mon Dieu.

Mon âme a soif de Dieu, le Dieu vivant;
Quand pourrai-je m'avancer,
paraître face à Dieu ?

Pourquoi te désoler, ô mon âme,
et gémir sur moi ?
Espère en Dieu ! De nouveau je rendrai grâce :
Il est mon sauveur et mon Dieu !

Au long des jours, le Seigneur m'envoie son amour;
Et la nuit, son chant est avec moi,
Prière au Dieu de ma vie.

LE COMBAT SPIRITUEL

Dès le début des apparitions, les messages mettent en lumière la réalité d'un combat, et d'un combat violent. «*Soyez sobres, soyez vigilants, votre adversaire le démon, comme un lion qui rugit, va et vient à la recherche de sa proie. Résistez-lui avec la force de la foi.*» *(1 P 5, 8-9)*

L'Évangile nous parle clairement et constamment de ce combat. La Vierge Marie en parle, non pas pour nous faire céder à la peur, mais pour nous aider au discernement et à la résistance.

L'Adversaire

L'Écriture et l'Église nous enseignent que le Mal n'est pas une abstraction, une force impersonnelle ou une énergie négative. Il désigne une personne: Satan, le Mauvais, l'ange qui s'oppose à Dieu.

«*Revêtez l'armure de Dieu pour être en état de tenir face aux manœuvres du diable. Ce n'est pas à l'homme que nous sommes affrontés, mais aux Autorités, aux Pouvoirs, aux Dominateurs de ce monde de ténèbres, aux esprits du mal qui sont dans les cieux. Saisissez donc l'armure de Dieu, afin qu'au jour mauvais, vous puissiez résister et demeurer debout, ayant tout mis en œuvre.» (Ep 6, 11-13)*

Le diable est celui qui se jette en travers du dessein de Dieu et de Son œuvre de salut accomplie dans le Christ. Jésus va combattre cet ennemi durant tout son ministère. Il va le vaincre par Sa mort sur la croix. Tous les noms qui lui sont attribués démasquent son œuvre perverse: «*Homicide dès l'origine, menteur et père du mensonge*», «*le Satan, le séducteur du monde entier*[16]»:

«*Satan désire détruire tout ce que moi-même et mon Fils Jésus construisons. Il désire tout spécialement détruire vos âmes. Il désire vous entraîner le plus loin possible de la vie chrétienne ainsi que des commandements que l'Église vous appelle à vivre. Satan désire détruire tout ce qui est saint en vous et autour de vous.» (25 septembre 1992)*

Dans la Bible, une femme est associée à ce combat spirituel contre Satan. Dès le livre de la Genèse, Dieu annonce une inimitié entre la femme et le serpent[17]. Dans le livre de l'Apocalypse, saint Jean décrit une lutte violente entre elle et le dragon[18].

---

[16] Jn 8, 44 – Ap 12,9.

[17] Cf Gn 3, 16.

[18] Cf Ap 12, 3.

Cette femme, c'est Marie, la Mère du Christ et notre mère. Elle veut nous protéger contre les manœuvres du démon: «*La plus terrible des ennemis que Dieu ait faite contre le diable est Marie, sa sainte Mère. (...) Satan, étant orgueilleux, souffre infiniment plus d'être vaincu et puni par une petite et humble servante de Dieu, et son humilité l'humilie plus que le pouvoir divin*[19]*.*»

Action diabolique dans notre vie

Satan est à l'œuvre contre chacun d'entre nous. Il veut s'approprier le plus d'âmes possible et pour cela, il cherche à les séduire, une par une, à travers des petites choses.

«*Sachez, chers enfants, qu'avec votre aide, je peux tout faire, et empêcher Satan de vous attirer au mal et l'éloigner de cet endroit. Satan, chers enfants, guette chacun d'entre vous. C'est en particulier dans les choses de tous les jours qu'il veut semer le trouble en chacun.*» (4 septembre 1986)

C'est pourquoi nous sommes invités à une vigilance de chaque jour, là où il agit le plus sournoisement.

«*Satan veut vous en séparer à travers les choses quotidiennes et veut prendre la première place dans votre vie.*» – «*Satan est fort, il veut vous détruire et vous tromper de mille manières*[20]*.*»

---

[19] *op. cit.* Saint Louis-Marie Grignion de Montfort, § 52.

[20] Messages des 16 octobre 1986 et 25 septembre 1990.

L'Église prie tous les jours en demandant à Dieu dans la prière du *Pater*: «Ne nous soumets pas à la tentation, mais délivre-nous du Mal.» Le drame, ce n'est pas d'être tenté et menacé par Satan et par les démons. Le drame véritable, c'est de ne plus être capable de discerner l'action du malin dans nos vies, de ne plus le considérer comme une menace, et donc de baisser la garde:

«*Petits enfants, ne permettez pas à Satan de vous écarteler, et de faire de vous ce qu'il veut.*» *(25 janvier 1998)*

La Gospa nous parle régulièrement de la force de Satan, de sa puissance destructrice, de son intelligence pervers:

«*Satan provoque la querelle et l'inquiétude.*» *(25 juillet 1999)*

Elle veut nous mettre en garde contre la division, qui est la signature du diable. Il divise non seulement les hommes entre eux, et spécialement dans les familles, mais aussi chacun de nous, en attaquant l'unité de notre vie. Et pour cela, il s'en prend directement à la source de notre joie et de notre paix: notre relation à Dieu, qui est le principe de notre unité intérieure.

«*Satan veut travailler encore plus fort pour vous ravir chacune de vos joies. Par la prière vous pouvez le désarmer complètement et mettre votre bonheur en sécurité.*» *(24 janvier 1985)*

La prière seule nous permet d'être protéger et de ne pas laisser l'Adversaire avoir prise sur nous :

« Chers enfants, aujourd'hui comme jamais auparavant, je vous appelle à prier pour la paix ; la paix dans vos cœurs, dans vos familles et dans le monde entier. Satan veut la guerre. Il ne veut pas la paix. Priez, priez, priez. Merci d'avoir répondu à mon appel. » (25 mars 1993)

Action diabolique dans le monde

Ce monde dans lequel nous sommes est marqué par l'influence du diable. Jésus, priant pour les siens avant de mourir, demande à Son Père : *« Je ne te demande pas de les ôter du monde, mais de les garder du Mauvais*[21]*. »* Mais il semblerait qu'à notre époque, cette influence maléfique s'est comme amplifiée :

« Maintenant comme jamais auparavant Satan désire montrer au monde son visage honteux, par lequel il veut tromper le plus de gens possible et les mener sur le chemin de la mort et du péché. » (25 septembre 1991)

Cette amplification est sans doute une conséquence du modernisme qui a tendance à nous endormir dans un certain confort et dans un bonheur sans Dieu. C'est l'œuvre conjointe du sécularisme, du matérialisme, de l'individualisme…

---

[21] Jn 17, 15.

« Chers enfants, Dieu vous a donné la grâce de vivre et de protéger tout le bien qui est en vous et autour de vous, et de stimuler les autres à être meilleurs et plus saints; mais Satan, lui, ne dort pas et, a travers le modernisme, il vous dévie et vous conduit sur son chemin. » (25 mai 2010)

La Bosnie-Herzégovine va connaître une guerre violente entre 1991 et 1995. Bien que le village de Medjugorje ait été protégé miraculeusement, tous les enfants du pays vont être marqués par ce conflit. Les messages ont souvent fait allusion au conflit. La Reine de la Paix avait constamment mis en garde. Mais elle parle surtout d'un conflit intérieur. Dans nos familles, dans nos cœurs.

« Chers enfants, mettez Dieu à la première place dans vos familles, afin qu'il vous donne la paix et qu'il vous protège, non seulement de la guerre, mais aussi, au sein de la paix, de toute attaque satanique. Quand Dieu est avec vous, vous avez tout. Mais quand vous ne le désirez pas, vous êtes misérables et vous ne savez pas du côté de qui vous êtes. » (25 décembre 1991)

Les mots employés sont forts. La Vierge Marie ne sait plus comment nous le dire. Elle parle à la fois avec fermeté et douceur, avec une autorité pleine de tendresse !

Tous les désordres que nous voyons dans notre monde prennent racine dans les cœurs et les familles. C'est d'abord à ce niveau que la paix doit triompher ! Si la paix règne dans les cœurs et les familles, alors elle pourra régner dans le monde.

« Chers enfants, vous êtes tous mes petits enfants. Je vous aime. Mais, petits enfants, vous ne devez pas oublier que sans la prière vous ne pouvez être proches de moi. En ces temps, Satan veut susciter le désordre dans vos cœurs et vos familles. Petits enfants, ne lui cédez pas ! Vous ne devez pas lui permettre de vous diriger, ni vous, ni votre vie. » (25 janvier 1994)

Si la prière est la première arme contre l'Adversaire, et nous en reparlerons, la deuxième est la charité. L'amour nous conduit au don de nous-mêmes, et au pardon. Dans les conflits que nous connaissons, il faut, qu'un jour, une personne se décide à enterrer la hache de guerre et à engager une vraie démarche de réconciliation.

« Réconciliez-vous et aidez par vos vies à faire régner la paix sur toute la terre. » (25 décembre 1990)

La tentation de l'avoir

Dans sa tendresse maternelle, la Reine de la paix et de la réconciliation veut nous montrer concrètement là où il nous faut être plus particulièrement vigilant. Or, la première des tentations consiste à remplacer Dieu par des idoles.

Et parmi les idoles, la séduction des biens matériels agit avec une force particulière. Le désir de l'argent remplace le désir de Dieu: «*L'amour de l'argent est à la racine de tous les maux.*» *(1 Ti 6, 10)*

« Vous vous perdez facilement dans les choses matérielles et humaines, et vous oubliez que Dieu est votre plus grand ami.» (25 février 1992)

C'est l'amitié proposée par Dieu qui peut combler notre vie. Mais la séduction des richesses est très forte, principalement aujourd'hui, dans une culture qui incite constamment à la consommation. Jésus met en garde sévèrement: « *Vous ne pouvez pas servir à la fois Dieu et l'argent.*» *(Mt 6, 24)*

« Chers enfants, je vous invite à vous décider à nouveau à aimer Dieu par-dessus tout. En ces temps où, à cause de l'esprit de consommation on oublie ce que signifient aimer et apprécier les vraies valeurs, je vous invite à nouveau, petits enfants, à mettre Dieu à la première place dans vos vies. Que Satan ne vous attire pas avec les choses matérielles mais, petits enfants, décidez-vous pour Dieu qui est liberté et amour. Choisissez la vie et non la mort de l'âme.» (25 mars 1996)

Un réel danger d'esclavage existe et la Vierge Marie nous propose la liberté! Les biens matériels et l'argent ne sont pas diabolisés. Mais ils sont désignés comme des choses qui peuvent nous perdre si nous y attachons trop d'importance. Parce que notre identité ne dépend pas de ce que nous possédons.

« Soyez vrais avec vous-mêmes et ne vous liez pas aux choses matérielles mais à Dieu. » *(25 août 2001)*

La plaisir, la satisfaction, le rang social apportent une certaine satisfaction, un sentiment d'exister. Mais notre identité véritable ne dépend pas de ce que nous avons, mais de ce que nous sommes, dans la dépendance à notre Créateur.

« N'oubliez pas que vous êtes des passants sur cette terre et que les choses peuvent vous donner des petites joies alors qu'à travers mon Fils la vie éternelle vous est donnée. C'est pourquoi je suis avec vous afin de vous conduire vers ce pour quoi votre cœur soupire. » *(25 décembre 2007)*

Le renoncement

C'est la raison pour laquelle nous sommes invités au renoncement. Le renoncement n'est pas un chemin de tristesse. Au contraire, c'est un moyen pour retrouver la vraie joie.

« Chers enfants, aujourd'hui encore je vous invite à la conversion. Vous êtes trop soucieux des choses matérielles et peu des choses spirituelles. » *(25 avril 2000)*

Le chemin du renoncement s'emprunte par une décision libre afin de nous détacher des choses matérielles et éphémères, et d'accorder plus de place à notre vie spirituelle. C'est ce chemin qui nous permet de retrouver notre âme et de la faire vivre. En effet, de mêmc que nos muscles pour bien fonctionner ont besoin d'exercices physiques, ainsi la santé de notre âme dépend de la place que nous lui accordons et du soin que nous lui prodiguons.

« Chers enfants, je vous invite à l'abandon à Dieu. En ce temps, je souhaite particulièrement que vous renonciez aux choses auxquelles vous vous êtes liés, mais qui font du mal à votre vie spirituelle. Ainsi, petits enfants, décidez-vous entièrement pour Dieu et ne laissez pas Satan pénétrer dans vos vies par ces choses qui vous font du mal, à vous et à votre vie spirituelle. » *(25 février 1990)*

Ce chemin de renoncement n'est pas un plongeon irrationnel dans la misère. Il ne s'agit pas de se débarrasser de tous ses biens. Chacun possède des choses, et comme un bon gérant, il nous faut apprendre à user de ces biens en fonction de notre vocation première : l'amour ! Si les richesses nous piègent, c'est parce qu'elles nous incitent à nous replier sur nous-mêmes, à nous enfermer dans l'égoïsme. Or, nous sommes invités à nous faire des amis avec l'*argent trompeur*. C'est-à-dire à utiliser l'argent et les biens matériels comme des moyens pour servir Dieu et notre prochain.

«*Je souhaite que chacun d'entre vous, par ses petits renoncements s'aide lui-même et m'aide pour pouvoir vous conduire; et que vous soyez de jour en jour plus proches de la sainteté. Chers enfants, je ne veux pas vous forcer à accomplir les messages. Mais je suis avec vous depuis si longtemps!*» *(9 octobre 1986)*

Les renoncements matériels nous apprennent d'abord que ce n'est pas l'argent et la possession qui nous sauvent, mais Jésus seul. Il n'y a personne d'autre qui puisse nous sauver du mal et du péché. *Que sert à l'homme de gagner le monde, s'il perd son âme? (Mt 16,26)*

Pour vivre dans la tranquillité, pour être à l'abri des épreuves, sur quoi nous appuyons-nous?

La Vierge Marie nous invite à nous appuyer sur son Fils Jésus en étant proche de Lui:

«Petits enfants, renoncez à ce qui vous empêche d'être plus proches de Jésus.» (25 mars 1998)

Il ne va rien nous voler, mais Il va nous donner tout ce dont nous avons besoin.

Ce qui est en jeu, c'est notre liberté et notre volonté. Il est constamment question de se décider. Car le renoncement n'est pas imposé. Personne ne nous oblige au renoncement. Mais ce chemin nous est proposé pour que nous apprenions à vivre dans la paix, en faisant non pas notre volonté propre, mais la volonté de Dieu :

« Chers enfants, aujourd'hui je vous demande de vous décider pour Dieu, car l'inquiétude de vos cœurs produit comme fruit l'éloignement de Dieu. » (25 février 1991)

C'est en tournant notre regard vers le Christ que la Vierge Marie nous invite à faire des petits sacrifices. En effet, Lui seul nous sauve et nous purifie de tout mal. Lui seul donne sens à nos renoncements car Il vient remplir ces espaces de notre vies où nous sentons le manque et le vide.

« Petits enfants, par vos petits sacrifices, méditez et vivez la Passion et la mort de Jésus pour chacun de vous. Ce n'est qu'en vous rapprochant de Jésus que vous comprendrez l'incommensurable amour qu'Il a pour chacun de vous. » (25 février 1998)

C'est dans cet esprit que le jeûne nous est proposé à Medjugorje. Au début des apparitions, la Gospa a invité à renouer avec une très ancienne tradition dans l'Église : jeûner au pain et à l'eau le mercredi et le vendredi. Si cette demande paraît trop exigeante pour certains, il faut y tendre et chercher à découvrir, dans la privation de nourriture, une autre faim, une faim plus profonde : celle de la Parole de Dieu. « *L'homme ne vivra pas seulement de pain mais de toute Parole qui sort de la bouche de Dieu.»* (Mt 4, 4)

Lorsque nous commençons à jeûner, se creuse en nous cette faim de Dieu et nous avançons alors dans une foi plus ferme, qui s'appuie davantage sur Dieu:

«Par le jeûne et le renoncement, petits enfants, vous serez plus forts dans la foi.» (25 mars 2007)

La Vierge Marie veut nous aider à être victorieux dans le combat spirituel. Mais elle ne peut le faire par magie, sans effort de notre part. La grâce de Dieu agit plus en profondeur dans un cœur qui s'ouvre et qui se décide, avec détermination, à offrir par amour des sacrifices.

«Chers enfants, vous oubliez que je vous demande des sacrifices pour vous aider et pour chasser Satan de vous. C'est pourquoi, je vous appelle de nouveau à apporter des sacrifices avec un respect particulier de Dieu. Merci d'avoir répondu à mon appel.» (18 septembre 1986)

Le but du chemin de renoncement est l'amour. Se priver pour celui qu'on aime, n'est-ce pas la plus belle preuve d'amour ici bas? N'est-ce pas le signe de l'amour entre deux amoureux, entre les parents et les enfants? Ainsi, pour l'amour de Dieu, le renoncement au mal et au péché est le plus urgent. «*Renoncez au péché et choisissez la vie éternelle.*» (25 janvier 2008)

Ce chemin s'appelle la conversion!

La conversion

«*Convertissez-vous, car le Royaume des Cieux est tout proche.*» *(Mt 3, 2)*

C'est ainsi que Jean-Baptiste annonce la venue du Christ et invite à se préparer à le recevoir. C'est ainsi que la Vierge Marie aujourd'hui veut nous éduquer, car Dieu est proche. Dieu s'approche.

A travers les venues de la Reine de la Paix et ses invitations, Dieu manifeste concrètement Sa proximité et Sa bienveillance. Dans un monde sécularisé qui éloigne de Dieu, Medjugorje nous rappelle l'essentiel:

«*On dit que Dieu est loin, mais en vérité Il n'a jamais été aussi proche de vous.*» *(25 septembre 1999)*

C'est la raison pour laquelle l'appel à la conversion est un appel à ne pas rester loin de Lui, éloignés dans nos choix et nos modes de vie. Il s'agit pour nous de nous décider pour Dieu, donc pour la sainteté, donc pour le Ciel.

«*Chers enfants, aujourd'hui je vous invite à la conversion. Ceci est le message le plus important que je vous ai donné ici.*» *(25 février 1996)*

Le message le plus important! Une invitation à se mettre en route. L'espérance qui nous est donnée ne peut pas nous laisser passifs, comme des spectateurs. L'espérance véritable nous met en route, nous pousse à réagir pour que désormais notre vie soit ordonnée à notre vocation à la sainteté.

«*Petits enfants, décidez-vous sérieusement pour Dieu, car tout le reste passera, seul Dieu ne passera jamais.*» *(25 mai 1989)*

Elle nous encourage à ce que nos priorités de chaque jour soient inspirées par Dieu et non par les sollicitations du monde dans lequel nous vivons: «*Ne prenez pas pour modèle le monde présent, mais transformez-vous en renouvelant votre façon de penser pour savoir reconnaître quelle est la volonté de Dieu: ce qui est bon, ce qui est capable de lui plaire, ce qui est parfait.*» *(Rm 12, 2-3)*

L'appel à la conversion est un appel à chercher la volonté de Dieu et à la mettre en pratique. Si Dieu a un projet d'amour pour nous, il est temps de corriger le cap, de trouver la bonne fréquence, de prendre les moyens adéquats.

«*Je désire, petits enfants, que chacun de vous tombe amoureux de la vie éternelle qui est votre avenir, et que toutes les choses terrestres vous soient une aide pour que vous vous rapprochiez de Dieu, le Créateur. Je suis avec vous depuis tant de temps parce que vous êtes sur la mauvaise voie. Uniquement avec mon aide, petits enfants, vous ouvrirez les yeux.*» *(25 Janvier 2009)*

Le point de départ de notre conversion personnelle, c'est un nouveau regard sur nous-mêmes et sur le sens de notre existence. Dieu voit ce qu'il y a de plus beau en nous. Notre vie doit s'accrocher à ce regard d'amour, et s'accorder à ce qu'Il attend de nous par amour.

Il y a donc une nouvelle lumière qui éclaire notre vie terrestre. Et c'est dans cette clarté que le chemin de conversion peut vraiment commencer. Un chemin qui conduit de plus en plus à être vrai, à être conforme à la beauté de l'image de Dieu. Et la vérité nous rend libre.

«Petits enfants, décidez-vous pour la conversion afin que votre vie soit vraie devant Dieu, de sorte que dans la vérité de votre vie, vous témoigniez de la beauté que Dieu vous a donnée.» *(25 juillet 1996)*

La conversion est donc un changement personnel, choisi librement, avec notre intelligence et notre volonté. Il faut arrêter de considérer à l'extérieur de nous-mêmes, chez les autres, ce qui doit changer. Le plus urgent est de commencer à travailler sérieusement sur nous-mêmes, sur nos pensées, sur nos comportements, sur nos cœurs.

Dans les messages de Medjugorje, il est souvent question de ce travail. Jésus disait: *«Ne travaillez pas pour la nourriture qui se perd, mais pour la nourriture qui se garde jusque dans la vie éternelle.»* *(Jn 6, 27)*

Toute l'énergie que nous avons, le temps dont nous disposons, est en vue de notre conversion quotidienne. Ce qui est profitable, c'est de prendre le temps de relire notre histoire et de donner ce qui dans notre passé n'a pas été conforme à la volonté d'amour de notre Dieu. C'est l'étape décisive de la conversion. Donner notre passé à Dieu, Lui demander pardon de tout notre cœur, et prendre un nouveau départ.

«*Chers enfants, aujourd'hui, je veux vous recouvrir de mon manteau et vous conduire tous sur la route de la conversion. Chers enfants, je vous en prie, donnez au Seigneur tout votre passé, tout le mal qui s'est accumulé dans vos cœurs. Je souhaite que chacun soit heureux, mais avec le péché personne ne peut l'être.*» *(25 février 1987)*

Cette étape décisive de la conversion est le sacrement de la confession. Nous sommes invités à nous confesser régulièrement, chaque mois, afin de rester vigilants!

«*Que la sainte confession soit le premier pas de la conversion pour vous et alors, chers enfants, décidez-vous pour la sainteté. Que votre conversion et la décision pour la sainteté commence aujourd'hui et non demain. Petits enfants, je vous invite tous sur la voie du Salut et je désire vous montrer le chemin vers le Paradis. C'est pourquoi, petits enfants, soyez miens et décidez-vous avec moi pour la sainteté.*» *(25 novembre 1998)*

En préparant une confession, nous faisons l'examen de conscience. Nous prenons le temps d'examiner en nous ce qui a été ou qui est complice du péché. Ce n'est pas d'abord des choses que nous avons faites, même si nous retenons cela plus facilement. C'est surtout des pensées entretenues, des occasions de faire le bien qui ont été négligées. L'Amour de Dieu nous éclaire, Sa Parole est une lampe. C'est à cette clarté que nous voyons apparaître toutes les zones d'ombre dans notre vie et que nous pouvons nous décider pour la lumière. «*Autrefois vous étiez ténèbres; maintenant dans le Seigneur, vous êtes devenus lumière; vivez comme des enfants de lumière – or, la lumière produit tout ce qui est bonté, justice et vérité – et sachez reconnaître ce qui est capable de plaire au Seigneur. Ne prenez pas part aux activités des ténèbres, elles ne produisent rien de bon; démasquez-les plutôt.*» *(Ep 5, 8-11)*

Psaume 115

Notre Dieu, il est au Ciel, tout ce qu'il veut,
il le fait.
Leurs idoles, or et argent, ouvrage de mains
humaines,
Elles ont une bouche et ne parlent pas,
des yeux et ne voient pas,
Des oreilles et n'entendent pas, des narines
et ne sentent pas.

Vous qui le craignez, ayez foi
dans le Seigneur:
le secours, le bouclier, c'est lui!
Le Seigneur se souvient de nous: il bénira!
Il bénira la famille d'Israël,
il bénira la famille d'Aaron,
Il bénira tous ceux qui craignent le Seigneur,
du plus grand au plus petit.

Que le Seigneur multiplie ses bienfaits, pour
vous et vos enfants!
Soyez bénis par le Seigneur
qui a fait le ciel et la terre!
Le ciel, c'est le ciel du Seigneur; aux hommes
il a donné la terre.

Les morts ne louent pas le Seigneur,
ni ceux qui descendent au Silence;
Nous, les vivants, nous bénissons le Seigneur,
Maintenant et pour les siècles des siècles.

Psaume 62

Je n'ai de repos qu'en Dieu seul,
Mon salut vient de lui;
Lui seul est mon rocher, mon salut,
Ma citadelle, je suis inébranlable.

Comptez sur lui en tout temps,
Vous le peuple;
Devant lui épanchez votre cœur:
Dieu est pour nous un refuge.

N'allez pas compter sur la fraude
Et n'aspirez pas au profit;
Si vous amassez des richesses,
N'y mettez pas votre cœur.

Psaume 21

Mon Dieu, mon Dieu,
pourquoi m'as-tu abandonné ?
Le salut est loin de moi,
loin des mots que je rugis.

Mon Dieu, je t'appelle tout le jour,
et tu ne réponds pas,
Même la nuit, je n'ai pas de repos.

C'est toi qui m'as tiré du ventre
de ma mère,
Qui m'as mis en sûreté entre ses bras.
A toi je fus confié dès ma naissance;
Dès le ventre de ma mère, tu es mon Dieu.

Je suis comme l'eau qui se répand,
Tous mes membres se disloquent.
Mon cœur est comme la cire,
Il fond au milieu de mes entrailles.

Ma vigueur a séché comme l'argile,
Ma langue colle à mon palais.
Tu me mènes à la poussière de la mort.

Mais toi Seigneur, ne sois pas loin :
O ma force, viens vite à mon aide !

LA PRIÈRE

Le message qui revient le plus souvent, c'est l'invitation à la prière. Tout ce qui est donné, ce qui est transmis, ce qui est manifesté à Medjugorje se reçoit dans la prière et conduit à prier avec joie ! L'invitation, et parfois même la supplication à prier, intervient comme le refrain qui rythme la vie et le message de Medjugorje, et qui seul peut tout éclairer.

«*Si vous ne priez pas, vous ne pouvez découvrir mon amour et les plans que Dieu a pour cette paroisse et avec chaque individu.*» *(25 novembre 1987)*

L'Église nous encourage à nous approcher de la Vierge Marie et de nous mettre à son école, d'avoir recours à son intercession et à son soutien pour apprendre à prier : «*Marie est l'Orante parfaite, figure de l'Église. Quand nous la prions, nous adhérons avec elle au Dessein du Père, qui envoie son Fils pour sauver tous les hommes. Comme le disciple bien-aimé, nous accueillons chez nous la Mère de Jésus, devenue la mère de tous les vivants. Nous pouvons prier avec elle et la prier. La prière de l'Église est comme portée par la prière de Marie. Elle lui est unie dans l'espérance.»* *(Catéchisme de l'Église catholique, § 2679)*

Medjugorje est une école de prière. La paix annoncée et promise dépend de notre détermination à prier à l'école de Marie, avec le cœur.

Rencontre avec Dieu

«*Chers enfants, aujourd'hui encore, je vous invite à la prière. Je vous appelle sans cesse, et pourtant vous êtes encore loin. C'est pourquoi, décidez-vous à partir d'aujourd'hui à consacrer avec sérieux du temps à Dieu. Je suis avec vous et je souhaite vous apprendre à prier avec le cœur. Dans la prière avec le cœur, vous rencontrerez Dieu. Ainsi, petits enfants, priez, priez, priez. Merci d'avoir répondu à mon appel.*» *(25 octobre 1989)*

Le désir de la Vierge Marie, le but de sa venue et de ses messages, est de nous mettre en relation avec Dieu. Cette mise en relation conduit progressivement à tout vivre en présence de Dieu, à tout faire avec Lui dans notre journée. Nous sommes invités à prier sans cesse pour vivre sans cesse en présence de notre Seigneur. Mais la qualité de notre prière dépend du temps réservé à Dieu seul.

«*Petits enfants, vous ne pouvez vous ouvrir à Dieu si vous ne priez pas. C'est pourquoi, à partir d'aujourd'hui, décidez de consacrer un temps de la journée uniquement pour rencontrer Dieu dans le silence.»* (25 juillet 1989)

Afin de consacrer du temps exclusivement pour Dieu, il faut beaucoup de bon sens, d'un peu de volonté et un minimum d'organisation. Nous avons tous vingt-quatre heures qui semblent déjà bien remplies par des choses de grande importance. Mais celui qui s'arrête pour prier ne perd pas son temps. C'est le contraire qui est vrai. La prière nous fait gagner du temps, car elle nous donne de meilleures dispositions pour vivre notre vie avec discernement, avec force, et dans la paix.

Jésus répondait à Marthe, qui se plaignait de voir sa sœur assise à L'écouter sans rien faire pour le service: «*Marthe, Marthe, tu t'inquiètes et tu t'agites pour bien des choses. Une seule est nécessaire. Marie a choisi la meilleure part: elle ne lui sera pas enlevée.*» (Lc 10, 41-42)

Être avec Dieu, L'aimer et se laisser aimer surtout. L'écouter et Lui parler comme un enfant. Etre avec Lui. Se reposer en Sa présence. Voilà la force de la prière telle qu'elle nous est enseignée à Medjugorje. Et ce qui nous empêche d'y entrer, c'est l'agitation et l'inquiétude.

«Chers enfants, aujourd'hui je vous demande de vous décider pour Dieu, car l'inquiétude de vos cœurs produit comme fruit l'éloignement de

Dieu. Dieu est la paix même, c'est pourquoi approchez-vous de lui par la prière personnelle.» *(25 février 1991)*

Pour entrer dans une vie de prière, il nous faut d'abord être décidé. Personne ne peut prendre cette décision à notre place. C'est une décision libre, qui engage notre intelligence et notre volonté. Il nous faut ensuite nous abandonner à Dieu. C'est-à-dire Lui remettre tout dans la prière : nos soucis, nos préoccupations, nos désirs. Lui remettre toute notre vie pour qu'Il s'occupe de nous :

«*Abandonnez toujours vos fardeaux à Dieu et ne vous inquiétez pas.*» *(11 octobre 1984)*

La victoire l'amour

Dieu est amour ! Il est relation d'amour, communion d'amour. La première chose qu'Il veut nous donner dans la prière, c'est cet amour incommensurable par lequel nous sommes transformés de l'intérieur, en profondeur. Notre prière ne change pas Dieu, mais permet à Dieu de transformer nos cœurs :

«*Soyez conscients mes bien-aimés que je suis votre Mère et je suis venue sur terre pour vous apprendre à être obéissants par amour, à prier par amour, et non obligés de force à cause de la croix que vous portez.*» *(29 novembre 1984)*

La Vierge Marie, par amour pour nous, exhorte, insiste à temps et à contretemps, pour que l'amour de Dieu soit victorieux dans nos vies.

À de nombreuses reprises dans ses messages, nous entendons: *« Priez, priez, priez. »* C'est une forme d'instance qui montre bien que là se trouve la priorité absolue pour chacun de nous et pour le monde entier.

« Priez, priez, priez. Je ne sais quoi vous dire d'autre, car je vous aime et je souhaite que dans la prière vous connaissiez mon amour et l'amour de Dieu. » (15 novembre 1984)

Il s'agit non seulement de prier beaucoup. Mais surtout de prier de plus en plus intensément, d'ouvrir de plus en plus son cœur, sa sensibilité, tout son être à l'amour de Dieu.

« Chers enfants, aujourd'hui encore, je voudrais vous appeler à la prière et à l'abandon total à Dieu. Sachez que je vous aime et que c'est par amour que je viens ici pour vous montrer le chemin de la paix et du salut de vos âmes. Je veux que vous m'écoutiez et que vous ne permettiez pas à Satan de vous séduire. » (25 février 1988)

L'abandon est le fruit de l'amour. C'est par amour que Dieu s'abandonne entre nos mains. Par amour, et non par obligation, Il nous invite à nous approcher de Lui et tout Lui soumettre avec confiance. Il ne s'agit pas de nous abandonner un peu mais entièrement. Il n'est pas question de donner beaucoup, mais de tout donner à Dieu.

«*Chers enfants, aujourd'hui encore, je vous appelle à l'abandon complet à Dieu. Chers enfants, vous n'êtes pas conscients de quel amour Dieu vous aime.*» *(25 mars 1988)*

L'amour seul peut expliquer l'événement Medjugorje. Le message est un message d'amour qui a pour but de produire la paix. Marie se présente comme Reine de la Paix et insiste sur le fait que la paix dont il est question est un don de Dieu, don qui se reçoit dans la prière:

«*La paix est un don que Dieu vous donne dans la prière. Petits enfants, cherchez, et travaillez de toutes vos forces afin que la paix soit victorieuse dans vos cœurs et dans le monde. Merci d'avoir répondu à mon appel.*» *(25 mai 2006)*

Jésus précisait dans l'Évangile qu'Il nous donne Sa paix, une paix divine. «*Ce n'est pas à la manière du monde que je vous la donne.*» *(Jn 14, 27)*

Demandez, vous recevrez

La prière est souvent comprise exclusivement comme une demande à Dieu. On va parfois reprocher à Dieu de n'avoir pas exaucé telle ou telle prière, d'être sourd aux appels des hommes.

Oui, il est nécessaire de présenter à Dieu nos demandes, nos besoins, nos désirs. C'est ainsi que nous comprenons que nous sommes de pauvres créatures et que nous dépendons de Lui, le Créateur. Saint Paul va jusqu'à dire que c'est seulement lorsque nous demandons que nous arrivons à bien prier. L'Esprit Saint «*vient au secours de notre faiblesse, car nous ne savons que demander pour prier comme il faut*». *(Rm 8,26)*

Mais la Mère de Dieu veut nous apprendre à aller plus loin. À ne pas chercher dans la prière uniquement la réponse à nos besoins:

«*Chers enfants, aujourd'hui encore, je vous appelle à la conversion complète qui est difficile pour ceux qui n'ont pas choisi Dieu. Je vous demande, chers enfants, une complète conversion à Dieu. Dieu peut vous donner tout ce que vous recherchez auprès de lui, mais vous le recherchez seulement en cas de maladie, de problèmes ou dans les moments difficiles. Vous pensez que Dieu est loin de vous et qu'il ne vous exauce pas et qu'il n'entend pas vos prières. Non, chers enfants, cela n'est pas la vérité! Lorsque vous êtes loin de Dieu, vous ne pouvez recevoir les grâces, car vous ne les recherchez pas avec une foi ferme. Je prie de jour en jour pour vous et je souhaite vous rapprocher de plus en plus de Dieu. Mais je ne le peux pas si vous ne le voulez pas. C'est pourquoi, chers enfants, mettez votre vie dans les mains de Dieu. Je vous bénis tous. Merci d'avoir répondu à mon appel.»* (25 janvier 1988)

La première demande qui nous permet d'être proches de Dieu, c'est la demande de pardon.

Comme le publicain de l'Évangile, cité en exemple par Jésus, il nous faut descendre de plus en plus dans nos cœurs pour découvrir que nous sommes pécheurs et que notre plus grand besoin est d'être pardonné par Dieu, sauvé par Son Amour. «*Mon Dieu, prends pitié du pécheur que je suis!*» (Lc 18, 13)

Cette demande de pardon nous fait entrer dans de meilleures dispositions pour prier. Elle nous apprend l'humilité et la confiance. Elle nous permet de nous situer dans la vérité de notre être: je suis pécheur, Dieu est mon Sauveur.

Ce n'est qu'à partir de là que le cœur est prêt à rencontrer Dieu, à prier pour Le trouver: pour être avec Lui plus que pour obtenir quelque chose de Lui. Rencontrer Dieu, gratuitement, pour ce qu'Il est; et non par intérêt pour ce qu'Il pourrait faire.

Lorsque nous descendons au fond de notre cœur pour demander pardon à Dieu, lorsque nous découvrons que nous sommes de pauvres pécheurs, perdus sans Dieu, alors nous comprenons que la meilleure chose à demander, à désirer, à attendre, c'est le règne de Dieu. Que Son amour soit victorieux en toute circonstance, partout : «*Père, que ton Nom soit sanctifié, que ton règne vienne, que ta volonté soit faite…*»

«*Petits enfants, l'amour accepte tout ce qui est amer et difficile, à cause de Jésus qui est amour. Pour cela priez Dieu, chers enfants, pour qu'il vienne vous aider, mais pas selon vos désirs, mais selon son amour. Abandonnez-vous à Dieu, afin qu'il puisse vous guérir, vous consoler et pardonner en vous tout ce qui est un blocage sur le chemin de l'amour.*» *(25 juin 1988)*

Ainsi, la paix promise à Medjugorje entre dans le monde par des cœurs qui accueillent le pardon de Dieu. Lorsque l'amour de Dieu est expérimenté avec une telle puissance, la foi est affermie, et pousse à un engagement de plus en plus déterminé au service de Dieu.

Quand je vois ce que Dieu fait en moi, et pour moi, particulièrement par son pardon, alors je rends grâce et j'intercède pour que beaucoup puissent faire cette expérience du salut.

Louange et action de grâce

«*Là où le péché abonde, la grâce surabonde!*» *(Rm 5, 20)*

Si le péché nous fait découvrir humblement combien nous avons besoin du pardon de Dieu, la grâce qu'il nous donne en surabondance nous entraîne dans une grande louange, dans une prière habitée par une immense joie !

C'est uniquement la joie qui peut nous entraîner dans une prière de louange et d'action de grâce. Une prière qui nous tourne vers Dieu avec une immense reconnaissance, émerveillé par ce qu'Il fait, mais aussi et surtout par ce qu'Il est !

«*Priez, priez, priez. Vous connaîtrez dans la prière la joie la plus grande.*» *(28 mars 1985)*

«*Encore une fois, acceptez mon appel et commencez à nouveau à prier jusqu'à ce que la prière devienne joie pour vous. Alors vous allez découvrir que Dieu est tout-puissant dans votre vie quotidienne.*» *(25 Mai 1992)*

C'est à cette qualité de prière que la Vierge Marie veut nous conduire. Elle chantait son cantique d'action de grâce et elle veut nous apprendre à demeurer dans ces mêmes dispositions : «*Mon âme exalte le Seigneur, exulte mon esprit en Dieu mon Sauveur.*» *(Lc 1, 46-47)*

«*Chers enfants, je demande que votre prière soit la joie de la rencontre avec le Seigneur. Je ne peux vous guider tant que vous ne ressentez pas de la joie dans la prière. Je veux vous mener, de jour en jour, toujours plus dans la prière. Mais je ne veux pas le faire de force. Merci d'avoir répondu à mon appel.*» *(14 août 1986)*

Les Psaumes nous enseignent à prier avec joie. Ils nous prêtent les mots dont nous avons besoin pour exprimer notre prière. Cette joie ne vient cependant pas des mots que nous répétons, mais du cœur qui se laisse toucher par Dieu.

«*Priez, priez, priez, non avec des mots, mais avec le cœur.*» *(25 décembre 2002)*

Comment nos cœurs peuvent-ils se remplir de joie? Dieu est la joie même! Goûter Sa présence, c'est goûter la joie:

«*Tu m'apprends le chemin de la vie: devant ta face, débordement de joie! À ta droite, éternité de délices!*» *(Ps 15)*

C'est la raison pour laquelle Marie nous enseigne à ne pas nous arrêter de prier, tant que nous ne ressentions pas cette joie intérieure:

«*Que la prière soit pour vous comme l'air que vous respirez et non un fardeau. Petits enfants, Dieu vous révèlera son amour et vous expérimenterez la joie d'être mes bien-aimés.*» *(25 juillet 2007)*

«*Priez sans arrêt. Ainsi je vous donnerai cette joie qui m'est offerte par le Seigneur. Par ces grâces, chers enfants, je souhaite que vos souffrances soient joie. Je suis votre Mère et je veux vous aider.*» *(19 juin 1986)*

Dieu est au Ciel. Mais le Ciel s'est ouvert et le Verbe s'est fait chair. Dieu s'est fait homme. La joie dont il est question dans les messages est une joie qui nous vient de Jésus Christ. C'est la joie de Noël: «*Je viens vous annoncer une bonne nouvelle, une grande joie pour tout le peuple: aujourd'hui vous est né un Sauveur!*» *(Lc 2, 10-11)*

Marie apparaît à notre génération comme les anges sont apparus aux bergers, afin d'annoncer cette joie! Il est là! Il est vivant, présent parmi nous! C'est la joie de Pâques, cette joie promise par le Ressuscité: «*Je vous reverrai, et votre cœur se réjouira; et votre joie, personne ne vous l'enlèvera.*» *(Jn 16, 22)*

La joie du Christ, c'est la joie du Ciel que nous pouvons vivre dès à présent[22].

Mais la prière d'action de grâce et de louange est-elle réservée à ceux qui ont une vie facile? La réponse de l'Évangile est très claire. Et la Vierge Marie nous rappelle cette chose essentielle:

«*Chers enfants, en ces jours où vous célébrez joyeusement la croix, je souhaite que pour vous aussi la croix soit une joie. En particulier priez, chers enfants, pour pouvoir accepter la maladie et les souffrances avec amour, comme Jésus lui-même l'a fait.*» *(11 septembre 1986)*

Le Christ Jésus a vécu Sa passion et Sa crucifixion dans la joie de l'amour et du don de Lui-même. Au milieu des détresses, des angoisses et

---

22 Message du 25 mai 1991.

des épreuves de toutes sortes, nous pouvons demeurer dans la joie si nous demeurons proches du Christ, si nous demeurons dans Son amour et dans l'offrande de nous-mêmes.

Ainsi, alors que la guerre fait rage en ex-Yougoslavie et que les habitants sont touchés de près par ce conflit, les paroles du Ciel insistent :

«*Chers enfants, aujourd'hui encore je vous invite tous à nouveau à la prière, une prière de joie, afin qu'en ces jours douloureux personne d'entre vous ne ressente de la tristesse dans la prière, mais une rencontre joyeuse avec son Dieu Créateur.*» *(25 juillet 1992)*

La clé de la joie est l'offrande de nous-mêmes à Dieu, par Jésus-Christ. Tout ce que nous vivons, tout ce que nous ressentons, tout ce qui hante notre esprit. Tout est appelé à être offert avec amour, dans la foi, certain que c'est ainsi que notre vie se transforme et nous pouvons alors devenir de plus en plus ce que nous devons être.

Notre prière devient un immense merci à Dieu et quelles que soient les circonstances, nous demeurons en Lui. Toute notre vie se transforme alors en prière :

«*Petits enfants, offrez vos souffrances comme un cadeau à Dieu afin qu'elles deviennent une très belle fleur de joie. C'est pourquoi, petits enfants, priez pour comprendre que la souffrance peut devenir joie et la croix le chemin de la joie.»* *(25 septembre 1996)*

Intercession

La prière d'intercession est le propre d'un cœur accordé à la miséricorde de Dieu. En effet, Dieu aime tous les hommes et veut que tous soient sauvés.

A l'école de Medjugorje, la prière est d'abord un moyen pour permettre à Dieu de nous changer. Mais elle devient aussi une contribution active à la paix dans le monde.

«Chers enfants, aujourd'hui encore je vous invite à la prière. C'est seulement par la prière et le jeûne que la guerre peut être arrêtée. C'est pourquoi, mes chers petits enfants, priez et témoignez par votre vie que vous êtes miens et que vous m'appartenez. Car Satan, dans ces jours agités, désire séduire le plus d'âmes possible. C'est pourquoi je vous invite à vous décider pour Dieu, il vous protégera et vous montrera ce que vous devez faire, et quel chemin emprunter. J'invite tous ceux qui m'ont dit «oui» à renouveler leur consécration à mon Fils Jésus et à son cœur, et à moi-même, de telle sorte que nous puissions vous prendre plus intensément comme instruments de paix dans ce monde sans paix. Medjugorje est un signe pour vous tous, et une invitation pour vous à prier et à vivre les

jours de grâce que Dieu vous donne. C'est pourquoi, chers enfants, saisissez cet appel à la prière avec sérieux. Je suis avec vous et votre souffrance est aussi la mienne. Merci d'avoir répondu à mon appel.» (25 avril 1992)

L'intercession des chrétiens n'a pas de frontières. Nous sommes invités à prier pour tous les hommes, ceux qui nous gouvernent, ceux qui nous persécutent, ceux qui se présentent à nous comme des ennemis. Et l'efficacité de notre intercession dépend non pas de la somme des prières que nous faisons, mais de la conversion de nos vies. C'est cette transformation de nos vies qui donne toute sa puissance à notre prière:

«Chers enfants, je ne peux pas vous aider si vous ne vivez pas les commandements de Dieu, si vous ne vivez pas la Messe, si vous ne rejetez pas le péché. Je vous invite à devenir apôtres de l'amour et de la bonté. En ce monde sans paix, témoignez de Dieu et de l'amour de Dieu, et Dieu vous bénira et vous donnera ce que vous lui demandez. Merci d'avoir répondu à mon appel.» (25 octobre 1993)

Medjugorje est un signal du Ciel pour nous indiquer la gravité de la situation sur terre. Avec un peu de lucidité, n'importe qui peut comprendre qu'il y a de quoi être préoccupé. Mais d'une part, la Vierge Marie veut nous empêcher de nous laisser distraire par tout ce qui nous aveugle.

D'autre part, elle veut nous faire comprendre que nous avons la possibilité de changer le cours de l'histoire. Que ce monde peut être meilleur si on s'engage dans le combat de la prière.

Dans un monde de consommation, il est tellement facile de se laisser distraire. Cet esprit de consommation entretien une vie superficielle et facile. Cette force de séduction du monde moderne nous fait oublier l'enjeu véritable de notre vie : le salut éternel.

Le ton du message ci-dessous en dit long sur la gravité de la situation dans laquelle nous sommes, et l'urgence d'une vraie mobilisation durable dans la prière.

« Chers enfants, aujourd'hui comme jamais auparavant, je vous invite à vivre mes messages et à les mettre en pratique dans votre vie. Je suis venue chez vous pour vous aider, c'est pourquoi je vous invite à changer de vie. Vous avez pris un chemin de misère, un chemin de ruine. Quand je vous ai dit : « Convertissez-vous, priez, jeûnez, réconciliez-vous », vous avez pris ces messages superficiellement. Vous avez commencé à les vivre pour ensuite les abandonner, parce que c'était difficile pour vous. Non, chers enfants ! Quand une chose est bonne vous devez persévérer dans le bien et ne pas penser : « Dieu ne me voit pas, Il ne m'écoute pas, Il ne m'aide pas ». Et ainsi vous vous êtes éloignés de Dieu

et de moi à cause de votre intérêt. Je désirais faire de vous une oasis de Paix, d'Amour et de Bonté. Dieu désirait, par votre amour et avec son aide, que vous fassiez des miracles et ainsi donniez l'exemple. C'est pourquoi, voici ce que je vous dis : Satan se joue de vous et de vos âmes, et moi, je ne peux pas vous aider parce que vous êtes loin de mon cœur. C'est pourquoi priez, vivez mes messages et ainsi vous verrez les miracles de l'amour de Dieu dans votre vie quotidienne.» *(25 mars 1992)*

Quand la Vierge Marie hausse le ton, ce n'est jamais pour nous maudire ou pour nous faire peur, mais pour nous aider à nous réveiller ! Elle ne se lasse pas de renouveler ses appels malgré la fatigue et la lourdeur dans nos cœurs trop encombrés[23]. Elle veut nous apprendre à réagir par la foi et à ne pas sombrer dans l'indifférence.

«Depuis des années je vous invite à une vie spirituelle profonde dans la simplicité, mais vous êtes tellement froids. C'est pourquoi, petits enfants, acceptez avec sérieux et vivez les messages, pour que votre âme ne soit pas triste quand je ne serai plus avec vous et quand je ne vous guiderai plus comme un enfant incertain dans ses premiers pas.» *(25 décembre 1989)*

---

[23] *«Vous êtes tellement aveugles et attachés aux choses terrestres, et vous pensez à la vie terrestre. Dieu m'a envoyée pour vous guider vers la vie éternelle. Moi, petits enfants, je ne suis pas fatiguée même si je vois vos cœurs lourds et fatigués envers tout ce qui est grâce et don.»* (25 octobre 2006)

Ce message nous rappelle que ces apparitions un jour s'arrêteront et qu'il ne faut pas remettre à plus tard ce que nous pouvons commencer à vivre dès aujourd'hui. Car dès aujourd'hui, notre prière peut contribuer à changer le monde et le cours de l'histoire:

«*Chers enfants, aujourd'hui je vous invite à prier pour la paix. Ces temps-ci la paix est menacée de manière particulière, et je vous demande de renouveler le jeûne et la prière dans vos familles. Chers enfants, je désire que vous saisissiez la gravité de la situation, et qu'une grande partie de ce qui va arriver dépend de votre prière. Or vous priez peu. Je suis avec vous, et je vous invite à commencer à prier et à jeûner avec sérieux, comme aux premiers jours de ma venue. Merci d'avoir répondu à mon appel.*» *(25 juillet 1991)*

La prière d'intercession est efficace. Elle permet à Dieu d'agir. Car Dieu se soumet à notre liberté et ne veut pas nous imposer la paix. Si nous voulons la paix, alors il nous faut nous décider à nous mettre à genoux pour implorer le don de la paix.

«*Chers enfants, je vous invite tous à la conversion du cœur. Décidez-vous, comme aux premiers jours de ma venue ici, au changement complet de votre vie. Ainsi, petits enfants, vous aurez la force de vous agenouiller et, devant*

Dieu, d'ouvrir vos cœurs. Dieu entendra vos prières et les exaucera. Devant Dieu, j'intercède pour chacun de vous. Merci d'avoir répondu à mon appel.» (25 août 2004)

La puissance qui est à l'œuvre à Medjugorje, c'est celle de Dieu. Mais cette puissance se déploie particulièrement en ce lieu, parce que là, on se met à genoux, et reconnaissants nos faiblesses et notre impuissance, on intercède avec la force de la foi, comptant uniquement sur la puissance de Dieu.

Aucune situation n'est trop désespérée pour Dieu, aucune personne n'est considérée comme perdue à jamais. Avec la force de la prière, rien n'est impossible à Dieu:

«Petits enfants, n'ayez pas peur, car je suis avec vous, même quand vous pensez qu'il n'y a pas d'issue et que Satan règne. Je vous apporte la paix. Je suis votre Mère et la Reine de la Paix.» – «Par la prière vous trouverez une issue aux situations impossibles[24].»

Quelle prière?

La prière chrétienne est une longue tradition et une grande richesse.

La Vierge Marie insiste autant sur la prière personnelle que sur la prière communautaire.

[24] Messages des 25 juillet 1988 et 28 mars 1985.

Chacun entretient une relation unique avec Dieu dans un cœur à cœur, seul à seul.

Mais c'est ensemble, en Église, que nous pouvons vraiment progresser. Jésus rassemble autour de Lui les apôtres. Il est le Bon Pasteur qui connaît chacune de Ses brebis et les appelle par leur nom. Le Bon Pasteur rassemble Son troupeau. Il leur apprend à prier ensemble : «*Quand vous priez, dites : Notre Père…*» Non pas mon père, mais Notre Père !

La prière communautaire qui est proposée est la célébration de l'Eucharistie. Elle insiste sur la nécessité de vivre la Messe avec le cœur, de nous laisser nourrir par la liturgie :

«*Je veux que votre Messe soit une expérience de Dieu.*» *(16 mai 1985)*

La Messe à Medjugorje devient l'occasion d'une joyeuse rencontre avec Dieu, d'une expérience inouïe de communion avec le Ciel, mais aussi entre les hommes. La ferveur, la simplicité, ainsi que les prières qui précèdent la célébration la préparation permet aux pèlerins de plonger dans le mystère :

«*Chers enfants, je vous demande de vivre la sainte messe. Beaucoup ont ressenti la beauté de la sainte messe. Mais il y en a d'autres qui n'y viennent pas volontiers. Je vous ai choisis, chers enfants, et Jésus vous donne ses grâces pendant la messe. C'est pourquoi, vivez lucidement la sainte messe. Que chaque venue à la messe soit une joie. Venez-y avec amour. Acceptez la sainte messe. Merci d'avoir répondu à mon appel.»* *(3 avril 1986)*

Ceux qui s'ouvrent à la réalité des apparitions découvrent avec plus de clarté que la plus belle apparition dans notre histoire, c'est celle du Christ Jésus, vrai Dieu et vrai homme. En arrivant à Medjugorje, les rendez-vous qui semblent les plus importants sont les apparitions de la Vierge Marie. En partant, c'est l'Eucharistie qui apparaît comme le meilleur moment du pèlerinage. Jésus se donne vraiment en nourriture, selon Sa promesse: «*Moi, je suis le pain vivant qui est descendu du Ciel: si quelqu'un mange de ce pain, il vivra éternellement. Le pain que je donnerai, c'est ma chair, donnée pour que le monde ait la vie.*» *(Jn 6, 51)*

En prenant conscience de ce don immense, de cette présence réelle et permanente du Christ dans les hosties consacrées, le pèlerin de Medjugorje découvre une soif de demeurer auprès de Lui, de prolonger la célébration par un long moment d'Adoration.

«*Chers enfants, aujourd'hui je vous invite à devenir amoureux du Très Saint Sacrement de l'autel. Adorez le, petits enfants, dans vos paroisses et ainsi vous serez unis avec le monde entier. Jésus deviendra votre ami et vous ne parlerez pas de Lui comme de quelqu'un, que vous ne connaissez à peine. L'unité avec Lui vous sera joie et vous deviendrez témoins de l'Amour de Jésus qu'Il a pour chaque créature. Petits enfants, quand vous adorez Jésus, vous êtes aussi proche de moi. Merci d'avoir répondu à mon appel.»* *(25 septembre 1995)*

La prière d'Adoration devient un avant-goût du Ciel. Une expérience de la soif de Dieu qui veut nous rejoindre, nous bénir et nous transformer en Son amour:

«*Passez le plus de temps possible dans la prière et l'adoration de Jésus au Très Saint Sacrement de l'autel afin qu'Il vous change et mette en vos cœurs une foi vivante et le désir de la vie éternelle. Tout passe, petits enfants, seul Dieu demeure.*» *(25 mars 2008)*

«*Adorez le Saint Sacrement continuellement. Je suis toujours présente pendant l'adoration des fidèles, alors s'obtiennent des grâces particulières.*» *(15 mars 1984)*

La Vierge Marie nous éduque au silence intérieur, qui est la condition de la rencontre avec Dieu, de la contemplation de son Fils. Elle méditait les événements de l'incarnation et les gardait dans son cœur.

C'est ainsi, et seulement ainsi, que le chapelet apparaît comme un précieux moyen pour prier. Cette prière très ancienne est souvent mal comprise. Là où la Vierge Marie apparaît, nous sommes invités à entrer dans cette prière qui devient un moyen pour rencontrer Jésus et pour le contempler.

«*Petits enfants, la prière fait des miracles. Quand vous êtes fatigués et malades et que vous ne savez pas le sens de votre vie, prenez le chapelet et priez; priez jusqu'à ce que la prière devienne pour vous une joyeuse rencontre avec votre Sauveur.*» *(25 avril 2001)*

A travers les Mystères du Rosaire, nous entrons dans une méditation de l'Évangile, à l'école de la Vierge Marie. Il s'agit de nous centrer sur le Christ, mais avec Marie, et comme elle. Dans les moments joyeux, comme dans les douloureux passages de notre vie, le caractère répétitif de cette prière nous aide à transformer nos sentiments en louange, en supplication, en confiance filiale, les yeux fixés sur Celui qui est à l'origine et au terme de notre foi.

«*Chers enfants, aujourd'hui, je vous demande de commencer à prier le Rosaire avec une foi vive. Ainsi, je pourrai vous aider. Vous voulez, chers enfants, obtenir des grâces mais vous ne priez pas. Je ne peux donc pas vous aider, car vous ne vous êtes pas mis en mouvement. Chers enfants, je vous demande de prier le Rosaire. Qu'il soit pour vous une obligation que vous accomplirez avec joie. Ainsi vous comprendrez pourquoi je suis restée si longtemps avec vous. Je veux vous apprendre à prier. Merci d'avoir répondu à mon appel.»* *(12 juin 1986)*

Ainsi, celui qui s'empare de cette prière fait l'expérience de la victoire du Christ et de sa Sainte Mère sur toute forme de mal ou de péché. Prendre le chapelet et le prier, c'est revêtir l'équipement du combat pour être victorieux dans les tentations[25], c'est un signe de notre choix pour Dieu, et pour la conversion[26], un moyen efficace pour changer le cours de l'histoire:

«*Si vous le voulez bien, empare-vous du Rosaire! Un simple Rosaire peut faire des miracles dans le monde et dans vos vies.*» *(25 janvier 1991)*

La Vierge Marie insiste pour que, dans l'Église, on redécouvre la puissance de cette prière. Elle invite les prêtres et les religieux à goûter à cette prière afin d'enseigner les autres à la prier[27].

---

[25] «Chers enfants, revêtez l'équipement du combat et soyez victorieux, le chapelet à la main.» *(8 août 1985)*

[26] «Si vous priez, Satan ne peut vous faire aucun mal, car vous êtes les enfants de Dieu et je veille sur vous. Priez! Que le chapelet soit toujours en vos mains le signe pour Satan que vous m'appartenez.» *(25 février 1988)*

[27] «J'appelle tous les prêtres, les religieux et les religieuses à prier le Rosaire et à enseigner aux autres à prier. Le Rosaire, petits enfants, m'est particulièrement cher. Par le Rosaire, ouvrez-moi vos cœurs et moi je suis capable de vous aider.» *(25 août 1997)* – «Je vous demande d'appeler les prêtres à la prière du Rosaire. Par le Rosaire, vous allez vaincre tous les malheurs que Satan veut infliger à l'Église catholique. Priez le Rosaire, vous tous les prêtres. Consacrez du temps au Rosaire.» *(25 juin 1985)*

Psaume 103

Bénis le Seigneur, ô mon âme,
Seigneur mon Dieu, tu es si grand !
Revêtu de magnificence,
Tu as pour manteau la lumière !

De tes demeures,
tu abreuves les montagnes,
Et la terre se rassasie du fruit de tes œuvres;
Tu fais pousser les prairies pour les troupeaux,
Et les champs pour l'homme qui travaille.

De la terre, il tire son pain,
Le vin qui réjouit le cœur de l'homme,
L'huile qui adoucit son visage,
Et le pain qui fortifie le cœur de l'homme.

Tu fis la lune qui marque le temps,
Et le soleil qui connaît l'heure de son coucher.
Tu fais descendre les ténèbres, la nuit vient :
Les animaux dans la forêt s'éveillent.

Quand paraît le soleil, ils se retirent :
Chacun regagne son repaire.
L'homme sort pour son ouvrage,
Pour son travail, jusqu'au soir.

Psaume 117

Rendez grâce au Seigneur : il est bon !
Eternel est son amour !

Dans mon angoisse,
j'ai crié vers le Seigneur,
Et lui m'a exaucé, mis au large.
Le Seigneur est pour moi, je ne crains pas;
Que pourrait un homme contre moi ?

Le Seigneur est avec moi pour me défendre,
Et moi, je braverai mes ennemis.

Mieux vaut s'appuyer sur le Seigneur
Que de compter sur les hommes;
Mieux vaut s'appuyer sur le Seigneur
Que de compter sur des puissants.

La pierre qu'ont rejetée les bâtisseurs
Est devenue la pierre d'angle :
C'est là l'œuvre du Seigneur,
La merveille devant nos yeux.

Voici le jour que fit le Seigneur,
Qu'il soit pour nous jour de fête et de joie !

Donne Seigneur, donne le salut !
Donne Seigneur, donne la victoire

LA FIDÉLITÉ

Medjugorje est une invitation à la fidélité quotidienne. La quasi-totalité des messages commence par «aujourd'hui» et se termine par «merci d'avoir répondu à mon appel.»

C'est chaque jour de notre vie que nous sommes appelés. C'est aujourd'hui, dans le présent, que nous pouvons accueillir cet appel et y répondre :

«*Chers enfants, mon invitation à vivre les messages que je donne est un appel de tous les jours.» (25 octobre 1988)*

La fidélité dont il est question est d'abord celle de Dieu. La présence quotidienne de la Vierge Marie est une preuve bouleversante de Son amour et de Sa sollicitude envers nous. La fidélité de Dieu à notre égard est le signe le plus bouleversant de Son amour inconditionnel.

Par amour pour nous, Dieu a envoyé Son Fils. Par amour pour nous, Il demeure présent et agissant dans Son Église.

«*Voici une parole sûre : si nous sommes morts avec lui, avec lui nous vivrons. Si nous supportons l'épreuve, avec lui nous règnerons. Si nous le rejetons, lui aussi nous rejettera. Si nous sommes infidèles, lui, il restera fidèle, car il ne peut se renier lui-même.»* *(2 Ti 2, 11-13)*

La Reine de la Paix n'intervient, ne parle et n'agit que parce que Dieu le lui a demandé. Elle est envoyée parmi nous pour nous aider,[28] par amour, sur le chemin du salut[29] et de la vie éternelle[30].

Mais combien nous sommes lents à écouter, à croire, à mettre en pratique!

Marie est tellement accordée au cœur de Dieu, qu'elle ressent les choses comme Il les ressent. Ce qu'elle nous dit, c'est ce que Dieu pense, ce qu'Il nous a déjà dit par l'Écriture et par son Église:

«*Au nom de Dieu, je vous ai donné de nombreux messages, mais vous ne m'avez pas écoutée.*» *(6 décembre 1984)*

Si Dieu envoie aujourd'hui la Sainte Vierge, ce n'est pas pour recommencer Son œuvre, pour une nouvelle révélation, ou pour un nouveau chemin de salut. C'est uniquement pour nous rappeler tout ce qu'Il nous a déjà donné en Jésus Christ, tout ce qu'Il met à notre disposition, chaque jour, par Son Église.

---

[28] «*Dieu m'a envoyée parmi vous pour vous aider.*» (25 janvier 1991)

[29] «*Chers enfants, Dieu m'a envoyée parmi vous par amour, afin que je vous guide vers le chemin du salut.*» (25 octobre 2007)

[30] Cf message du 25 octobre 2006.

Et pour cela, le meilleur ambassadeur est Marie. Elle est Mère de Dieu, Mère de l'Église et notre Mère.

Jean-Baptiste était envoyé devant Jésus pour préparer Ses chemins. Il a été envoyé pour désigner Celui qui était annoncé et qui désormais était là: «*Voici l'Agneau de Dieu*[31] *!*» Ce n'est pas un hasard si la Gospa est apparue la première fois à Medjugorje le 24 juin, jour de la fête de Saint Jean-Baptiste. Car elle vient à notre époque pour accomplir une mission semblable à celle du précurseur. Elle désigne Jésus: «*Il faut que lui grandisse, et que moi je diminue.*» *(Jn 3, 30)*

«*Je ne veux rien pour moi, mais tout pour le salut de vos âmes.*» *(25 octobre 1988)*

Tout est déjà donné. Le salut a été accompli. Il est déjà là, à notre disposition. Il est donné en abondance. Mais à chaque génération il nous faut l'accueillir. Et pour le trouver, il faut trouver Jésus-Christ.

Ainsi, en insistant, en persévérant, en répétant l'essentiel, la Vierge Marie témoigne de cette fidélité de Dieu qui veut que tous les hommes soient sauvés:

«*Chers enfants, je ne me lasse pas, et je vous appelle même si vous êtes loin de mon cœur. Je suis Mère et ressens une vive douleur pour*

---

[31] Jn 1,29.

chacun de ceux qui se sont égarés. Je pardonne facilement et je me réjouis pour chaque enfant qui revient à moi. Merci d'avoir répondu à mon appel.» (14 novembre 1985)

Medjugorje semble s'inscrire dans une série d'apparitions mariales de grande importance pour l'Église et pour le monde. Un lien tout spécial se dessine avec les apparitions de Fatima :

«Chers enfants, aujourd'hui je vous appelle à la prière, maintenant comme jamais auparavant, alors que mes plans ont commencé à se réaliser. Satan est fort et veut balayer mes plans de paix et de joie, il veut vous faire croire que mon Fils n'est pas fort dans ses décisions. C'est pourquoi j'appelle chacun d'entre vous, chers enfants, à prier et à jeûner avec encore plus de force. Je vous invite au renoncement durant neuf jours, de telle sorte qu'avec votre aide, tout ce que je voulais réaliser à travers les secrets que j'ai commencés à Fatima, puisse être accompli. Je vous invite, chers enfants, à bien saisir l'importance de ma venue et la gravité de la situation. Je veux sauver toutes les âmes et les offrir à Dieu. C'est pourquoi prions pour que tout ce que j'ai commencé puisse être pleinement réalisé. Merci d'avoir répondu à mon appel.» (25 août 1991)

Ce message semble très important puisqu'il parle de l'accomplissement de ce qui a commencé à Fatima. Ce n'est pas le lieu pour analyser le message de Fatima, mais une grande prophétie donnée en 1917 semble se réaliser aujourd'hui par Medjugorje:

«*A la fin, mon Cœur Immaculé triomphera.*»

Cette prophétie est remplie d'espérance et nous fait croire qu'en ces temps que nous vivons, Dieu veut se former des saints par Marie, à l'école de son Cœur Immaculé. «*Le Très Haut avec sa sainte Mère doivent se former de grands saints qui surpasseront autant en sainteté la plupart des autres saints, que les cèdres du Liban surpassent les petits arbrisseaux*[32]*.*»

«*Chers enfants, aujourd'hui encore je suis avec vous et je vous regarde et je vous bénis et je ne perds pas l'espoir que ce monde changera en bien et que la paix règnera dans le cœur des hommes. La joie règnera dans le monde car vous vous êtes ouverts à mon appel et à l'amour de Dieu. L'Esprit Saint change la multitude de ceux qui ont dit oui. C'est pourquoi je désire vous dire: merci d'avoir répondu à mon appel.*» *(25 janvier 2011)*

Dans l'Évangile, Jésus pleure sur Jérusalem, ville de la paix: «*Si toi aussi, tu avais reconnu en ce jour ce qui peux te donner la paix! Mais hélas, cela est resté caché à tes yeux!*» *(Lc 19, 42)*

---

[32] *Op. cit.* Saint Louis-Marie Grignion de Montfort, § 47.

La Reine de la Paix vient chez nous pour nous parler de la paix, pour nous montrer le chemin de la paix. Pourquoi est-elle si peu écoutée, si peu prise au sérieux?

«*Chers enfants, vous tous qui avez entendu mon message de paix, je vous invite à le réaliser avec sérieux et avec amour dans votre vie. Nombreux sont ceux qui pensent faire beaucoup en parlant des messages, mais qui ne les vivent pas.*» *(25 mai 1991)*

Son message est un message de bonheur et de paix! Mais beaucoup écoutent d'une oreille distraite, sans prendre le temps de méditer ses paroles, sans les mettre en application.

«*Vous ne pouvez pas grandir, car vous ne le voulez pas.*» *(3 juillet 1986)*

Jésus Lui-même nous mettait en garde: «*Tout homme qui écoute ce que je vous dis là, sans le mettre en pratique est comparable à un homme insensé qui a bâti sa maison sur le sable!*» *(Mt 7, 26)*

Mettre en pratique! Transformer en vie ce qui est transmis en parole! Tout l'enjeu de Medjugorje est là!

C'est la seule façon de contribuer à la paix. Celui qui est un ami de la paix ne peut pas rester sourd aux appels de la Reine de la Paix! Celui qui ne met pas en pratique ce qu'elle nous demande devient complice des malheurs qui affligent notre monde et agit ainsi en ennemi de la paix. Il s'agit d'un crime de non-assistance à un monde en danger.

« Chers enfants, aujourd'hui, je vous invite à la paix. Je suis venue ici en tant que Reine de la Paix et je veux vous enrichir de ma paix maternelle. Chers enfants, je vous aime et je voudrais tous vous mener à cette paix que Dieu seul peut donner et qui enrichit chaque cœur. Je vous appelle à devenir les porteurs et les témoins de ma paix dans ce monde sans paix. Que la paix règne dans le monde entier, car ce monde es inquiet et désire la paix. Je vous bénis de ma bénédiction maternelle. Merci d'avoir répondu à mon appel. » (25 juillet 1990)

Si la première tentation est d'écouter les messages sans les mettre en pratique, la deuxième est de s'enorgueillir de les vivre. De chercher la gloire qui vient des hommes, plutôt que la gloire de Dieu. De vouloir attirer l'attention sur soi, susciter l'admiration, plutôt que de témoigner de l'amour de Dieu.

« Chers enfants, aujourd'hui, je vous invite à vivre dans l'humilité tous les messages que je vous donne. Chers enfants, ne vous vantez pas avec orgueil de vivre les messages en disant aux autres : « Je vis les messages ». Si vous portez les messages dans vos cœurs et si vous les vivez, tout

le monde s'en apercevra. Ainsi, il n'y aura pas besoin de paroles, dont se servent ceux qui ne veulent rien entendre. Pour vous, il ne faut pas parler avec des mots. Ce qu'il faut, chers enfants, c'est vivre et témoigner par votre vie. Merci d'avoir répondu à mon appel.» (20 septembre 1985)

L'aujourd'hui de Dieu est ce qui compte le plus, et la Vierge Marie veut nous aider maintenant. Elle nous invite à ne pas remettre au lendemain ce que nous pouvons déjà décider et vivre aujourd'hui.

Il ne faut pas se décourager. C'est petit à petit que nous arrivons à intégrer les messages, à les assimiler et les fondre dans notre manière de vivre.

Ceux qui vont trop vite sont souvent confrontés aux difficultés et se découragent. L'enjeu est d'avancer progressivement, en grandissant dans la paix de Dieu, afin d'être de plus en plus témoin de cette paix: «*Heureux les artisans de paix, ils seront appelés fils de Dieu!*» (Mt 5,9)

Mère de l'Église

Si nous pouvons considérer les messages donnés à Medjugorje comme des paroles qui viennent du Ciel, Notre Dame nous apprend à écouter sur terre les enseignements de l'Église qui sont inspirés par Dieu

Marie manifeste clairement qu'elle est notre Mère. Mais elle ne vient pas remplacer la maternité de l'Église. Bien au contraire, elle met en lumière cette maternité qui nous garantit de demeurer fidèle à Dieu.

C'est en effet par l'Église que nous recevons la vie divine, à travers les sacrements.

Les messages de Medjugorje nous invitent à recourir aux sacrements de l'Église, en particulier à l'Eucharistie et à la confession, pour pouvoir grandir dans l'intimité avec Dieu.

C'est par l'Église encore que nous sommes éduqués dans la foi. En particulier par la liturgie et par les enseignements du magistère. Or, les messages sont toujours accordés au temps liturgique de l'Église. À Noël, à Pâques, pendant le Carême ou avant la Toussaint, les paroles de la Reine du Ciel font toujours écho de ce que l'Église, notre mère, nous invite à vivre dans la liturgie.

Et se montrant particulièrement proche du pape, elle nous montre combien nous avons besoin de ce pasteur que Dieu nous donne. Ainsi, en parlant du bienheureux Jean-Paul II lor de sa visite en Croatie, elle nous dit :

«Chers enfants, aujourd'hui je m'v à vous
d'une manière particulière, priant, le don
de la présence de mon fils bien-ai ins votre
patrie. Priez, petits enfants, pet santé de
mon plus cher des fils qui so que j'ai
choisi pour ces temps.» (25 o

Dans aucun autre message une telle insistance n'est faite ! Il y a là une démarche essentielle qui nous est demandée, afin de devenir des témoins crédibles de Jésus-Christ, à travers l'école de Marie à Medjugorje.

Saint Louis-Marie Grignion de Montfort est un des saints qui a le mieux vécu et explicité le sens de cette démarche. Beaucoup de livres proposent aujourd'hui des exercices spirituels nous permettant de nous consacrer à Jésus par Marie, quel que soit notre état de vie.

C'est dans cette spiritualité que le Bienheureux Jean-Paul II et la Bienheureuse Mère Teresa ont vécu leur appel. C'est ce qui explique en grande partie toute la fécondité de leur vie et de leurs missions respectives.

En nous engageant dans cette voie, en voulant vivre totalement pour Jésus, par Marie, dans tous les aspects de notre existence, alors nous serons vraiment des apôtres de la Reine de la Paix et nous pourrons aujourd'hui prendre place dans cette armée quelle convoque pour le règne de Dieu et la civilisation de l'amour.

Saint Louis-Marie doit se réjouir de voir aujourd'hui se réaliser ce qu'il avait pressenti il y a de cela près de trois cents ans en écrivant : « *Voilà de grands hommes qui viendront, mais que Marie fera par ordre du Très-Haut (...)*

Mais quand et comment cela sera-t-il? Dieu seul le sait: c'est à nous de nous taire, de prier, de soupirer et attendre[34]. »

[34] *Op. cit.*, Saint Louis-Marie Grignion de Montfort, § 59.

Psaume 102

Bénis le Seigneur, Ô mon âme,
Bénis son Nom très saint, tout mon être!
Bénis le Seigneur, Ô mon âme,
N'oublie aucun de ses bienfaits

Car il pardonne toutes tes offenses
Et te guérit de toute maladie;
Il réclame ta vie à la tombe
Et te couronne d'amour et de tendresse;

Il comble de biens tes vieux jours:
Tu renouvelles, comme l'aigle, ta jeunesse.

Le Seigneur est tendresse et pitié,
Lent à la colère et plein d'amour;

Il n'est pas pour toujours en procès,
Ne maintient pas sans fin ses reproches;

Il n'agit pas envers nous selon nos fautes,
Ne nous rend pas selon nos offenses.
Comme le ciel domine la terre,
Fort est son amour pour qui le craint;

Aussi loin qu'est l'orient de l'occident,
Il met loin de nous nos péchés;
Comme la tendresse du père pour ses fils,
La tendresse de Dieu pour qui le craint!

Psaume 129

Des profondeurs je crie vers toi, Seigneur,
Seigneur, écoute mon appel!
Que ton oreille se fasse attentive
Au cri de ma prière!

Si tu retiens les fautes, Seigneur,
Seigneur, qui subsistera?
Mais près de toi se trouve le pardon,
Pour que l'homme te craigne.

J'espère le Seigneur de toute mon âme;
Je l'espère, et j'attends sa parole.

Mon âme attend le Seigneur
Plus qu'un veilleur ne guette l'aurore.
Plus qu'un veilleur ne guette l'aurore,
Attends le Seigneur, Israël.

Oui, près du Seigneur, est l'amour;
Près de lui, abonde le rachat.
C'est lui qui rachètera Israël
De toutes ses fautes.

CONCLUSION

« Chers enfants, je vous ai déjà dit que je vous ai choisis d'une manière spéciale, juste tels que vous êtes. Moi, votre Mère, je vous aime tous. » *(24 mai 1984)*

Nous sommes choisis. Cela ne pourra jamais se justifier en fonction de nos qualités ou de quelque mérite que ce soit. Jésus avait choisi parmi ses apôtres un qui allait le livrer, un autre qui allait le renier. Nous sommes choisis gratuitement, sans aucune explication rationnelle. S'il n'y a donc aucun orgueil à en tirer, il nous faut cependant être à la hauteur d'un tel appel, car nous sommes capables aussi de reniement et de trahison.

« Chers enfants, aujourd'hui je vous invite à devenir les missionnaires des messages que je vous donne ici, à travers ce lieu qui m'est cher. Dieu m'a permis de rester si longtemps avec vous et donc, petits enfants, je vous appelle à vivre avec amour les messages que je vous donne et à les transmettre au monde entier, afin qu'un fleuve d'amour puisse couler sur les

peuples remplis de haine et sans paix ! Je vous appelle, petits enfants, à devenir paix où il n'y a pas de paix et la lumière là où sont les ténèbres, afin que chaque cœur accepte la lumière et le chemin du salut. Merci d'avoir répondu à mon appel. » (25 février 1995)

Medjugorje est une école qui nous forme à devenir missionnaires ! De nombreuses régions du monde connaissent une déchristianisation croissante et il est urgent que les chrétiens trouvent un nouvel élan courageux au service de Dieu et du monde :

« *Aujourd'hui, en particulier, la tâche pastorale prioritaire de la nouvelle évangélisation incombe à tout le peuple de Dieu, et demande une nouvelle ardeur, de nouvelles méthodes et un nouveau langage pour l'annonce et le témoignage évangéliques*[35]. »

Nous n'aurons jamais fini de nous laisser transformer par le Christ et par l'Esprit Saint. La Vierge Marie ne nous demande pas d'attendre d'être des chrétiens parfaits et bien formés avant de commencer à annoncer la Bonne Nouvelle. C'est dès aujourd'hui que nous sommes appelés, tels que nous sommes, chacun avec les talents qui lui sont propres et l'état de vie qui est le sien.

---

35 Jean-Paul II, Exhortation apostolique post-synodale *Pastores Dabo Vobis*, § 18, 1992.

En vivant de plus en plus les messages de Medjugorje, nous devenons *sel de la terre et lumière du monde*[36]. Cela se fait à notre insu, sans avoir à calculer ou à tout planifier. Il nous sera donné de voir des fruits visibles, capables de nous encourager. Mais la majorité des fruits resteront invisible à nos yeux. C'est pourquoi, il faut persévérer sans relâche !

«*Priez, vous ne le regretterez pas! Dieu vous donnera des dons pour lesquels vous le glorifierez jusqu'à la fin de votre vie terrestre.*» *(2 juin 1984)*

Les témoignages nous montrent que la plupart de ceux qui ont été transformés à Medjugorje l'ont été de façon durable. Que cette expérience décisive a marqué le reste de leur existence jusqu'à maintenant. Aujourd'hui, une proposition nous est faite. Nous sommes libres :

«*Dieu s'offre à vous. Mais il attend de vous que dans votre liberté vous acceptiez son appel.*» *(25 novembre 1988)*

Est-ce que nous voulons participer à la construction d'un monde nouveau où règneront la justice et la paix ? Est-ce que nous voulons être les bâtisseurs d'une civilisation de l'amour ?

«*Chers enfants, aujourd'hui je vous invite à accepter et à vivre avec sérieux mes messages. Ces jours sont des jours pendant lesquels vous*

---

[36] Mt 5, 13-14.

devez vous décider pour Dieu, pour la paix et pour le bien, que toute haine et toute jalousie disparaissent de votre vie et de vos pensées, et que seul y habite l'amour envers Dieu et envers le prochain. Ainsi, seulement ainsi, vous serez capables de discerner les signes de ce temps. Je suis avec vous et je vous guide vers un temps nouveau, temps que Dieu vous donne comme une grâce pour le connaître encore davantage. Merci d'avoir répondu à mon appel.» *(25 janvier 1993)*

Il n'y a plus de temps à perdre! Il est urgent que chacun, en conscience, dise un oui libre et entier, joyeux et sans réserve à l'appel de la Gospa! Et si nous tombons, si nous nous perdons en route, relevons-nous et reprenons le chemin tracé par Marie pour nous conduire. L'enjeu en vaut la peine, car notre témoignage pourra permettre à beaucoup d'accueillir la paix de Dieu et d'être sauvés:

«Par votre oui à la paix et par votre décision pour Dieu, s'ouvre pour vous une nouvelle possibilité pour la paix. C'est seulement ainsi, petits enfants, que le temps de ce siècle sera pour vous un temps de paix et de prospérité. C'est pourquoi, mettez le petit Jésus nouveau-né à la première place dans votre vie et Il vous conduira sur le chemin du salut. Merci d'avoir répondu à mon appel.» *(25 décembre 1999)*

Réjouissons-nous d'avoir été choisis pour une si grande œuvre! Que ces messages transforment notre manière de penser et de vivre! Que la Reine de la Paix nous aide à devenir de plus en plus les messagers de la Bonne Nouvelle que Dieu veut et que le monde attend.

Psaume 144

Je t'exalterai, mon Dieu mon Roi!
Je bénirai ton nom toujours et à jamais!
Chaque jour je te bénirai,
Je louerai ton nom toujours et à jamais.

Il est grand le Seigneur, hautement loué;
A sa grandeur, il n'est pas de limite.
D'âge en âge, on vantera tes œuvres,
On proclamera tes exploits.

Je redirai le récit de tes merveilles,
Ton éclat, ta gloire et ta splendeur.
Que tes œuvres, Seigneur, te rendent grâce
Et que tes fidèles te bénissent!

Ils diront la gloire de ton règne,
Ils parleront de tes exploits.
Que ma bouche proclame
les louanges du Seigneur!
Son Nom très saint, que toute chair le bénisse
Toujours et à jamais.

Achevé d'imprimer en mai 2011
sur les presse de Grafotisak
à Grude (Bosnie-Herzégovine)

Dépôt légal : 2e trimestre 2011